MEMOIRES

POUR SERVIR 'A

L'HISTOIRE

DE NOTRE TEMS,

PAR-RAPPORT AUX

DISSENTIONS PRESENTES

ENTRE

LA GRANDE BRETAGNE

ET LA REPUBLIQUE DES

PROVINCES - UNIES

AU SUJET DES

DEPREDATIONS ANGLOISES

SUR MER.

VOL. II.

A FRANCFORT ET LEIPZIG,
AUX DEPENS DE LA COMPAGNIE.

M D C C L I X.

MEMOIRES

POUR SERVIR 'A

L'HISTOIRE

DE NOTRE TEMS,

PAR-RAPPORT AUX DISSENTIONS PRE-SENTES ENTRE LA GR. BRET. ET LA REP. DES PROVINCES UNIES.

(XIV.)

MEMOIRE CONCERNANT LES PRISES FAITES PAR LES VAISSEAUX DE GUER-RE ET LES ARMATEURS ANGLOIS, DES VAISSEAUX HOLLANDOIS ALLANT 'A L'AMERIQUE OU EN REVENANT.

IL est de notoriété publique que les Né-gocians Hollandois ont essuyé & es-suyent encore journellement des per-tes très-confidérables (*), par les prises que font les Vaisseaux de Guerre & les Corsaires Anglois, de tant de Vaisseaux Hollandois allant à l'Amé-rique

(*) Ces pertes se montoient déjà (Août 1758.) à plus de 12. Millions de florins.

O 2

rique ou en revenant. Ces Prifes, fi préjudiciables aux Négocians, entraînent encore après elles la ruine des Affureurs, l'appauvriffement des Equipages, l'inaction totale de diverfes Fabriques du Pays, & par conféquent la décadence de la Navigation & du Commerce de la République. Il feroit inutile de s'étendre fur des faits qui ne font malheureufement que trop bien prouvés.

Les Négocians Hollandois font d'autant plus obligés de publier un Mémoire, qui mette la juftice de leur Caufe & de leurs plaintes dans tout fon jour, qu'on les taxe en Angleterre de faire en Amérique un Commerce illégitime, & qu'on allégue contre eux ce même Traité de Marine conclu en 1674. (*) entre l'Angleterre & la Hollande, fur la foi duquel ils fe font repofés, en navigeant, pendant la préfente Guerre, foit à leurs propres Colonies, foit aux Isles Françoifes de l'Amérique.

Le Mémoire, que l'on donne au Public, n'eft point un Libelle, compofé par des gens empor-

---

(*) Ce Traité a été compofé en Latin & fe trouve en cette langue dans le *Corps Univerfel Diplomatique*, Tome VII Partie I. page 282. Il a été traduit en Anglois & en Hollandois. La lecture du Traité eft abfolument néceffaire pour l'intelligence de ce Mémoire. Nous recommandons l'Edition du Traité, faite en Hollandois en 1756. Octavo, précédé d'une courte Préface. Elle fe trouve dans le volume précedent.

emportés & aigris par leurs pertes, qui uniquement occupés de ces pertes, verroient vo-
lontiers employer fans délai des moyens violens
pour en avoir raifon, & s'embarrafferoient peu
s'il en réfultoit des diffenfions, & peut-être une
rupture ouverte entre deux Etats qui ont tant
d'intérêt à refter unis.   On entendra ici des
Négocians retenus, qui, ménageant les expreffions vives qui fe préfentent fi naturellement
à des gens injuftement opprimés, & traités
cruellement par une Puiffance amie & alliée,
plaident avec toute la modération dont une chofe de cette nature eft fufceptible, leur Caufe &
celle de leurs Concitoyens; dans la ferme con-
O 3   fiance

AUTRES DE'PRE'DATIONS AN-
GLOISES.
LISTE IVme.

Des dommages caufés, par les forfaits & les
pillages des Capres Anglois aux vaiffeaux des
Hollandois, qu'on va nommer, à leur cargaifon & équipages, pendant la guerre prefente.

Num. I. *Du vaiffeau* JUDITH JACOBA
Capitaine Chriftofle Aalbertse *de Breederoode a été
volé en fon voyage de* Rotterdam *à* Douglafs *par
un Capre Anglois, trois doubles Caiffes, & une
grande de Thée, avec une Caiffe de Marchandifes, de la valeur, fuivant la declaration que
l'équipage du vaiffeau fusdit a fait à Douglas, de*
O 3   fl. 2000.

fiance de juſtifier pleinement leur conduite aux
yeux de ceux qui ne la condamneroient que
faute de l'avoir examinée avec aſſez de ſoin;
dans l'attente d'attirer de plus en plus au Commerce de ces Provinces une attention active &
une protection efficace de la part du Souverain;
& dans l'eſpérance que les juſtes plaintes des
Négocians Hollandois, les fortes preuves qu'ils
alléguent de la légitimité de leur Commerce
d'Amérique, & l'explication ſi naturelle qu'ils
don-

Num. II. *Le vaiſſeau le* JEUNE CAPITAI-
NE HEK, *Capitaine* Jan de Haas *a rencontré
dans ſon voyage de* Bourdeaux *à* Rotterdam *un
Capre Anglois, qui en a ravi* 10. *Caiſſes de prunnes, un petit tonneau de Brandevin & quelques
cordages, montant ſuivant la declaration de l'e-
quipage du dit vaiſſeau, à* fl. 300.

Num. III. *Le vaiſſeau le* JEUNE AGÆUS,
Capitaine Jean Sybrands Huysman, *a rencontré
dans ſon voyage de* Charante *à* Rotterdam *un
Capre Anglois, qui a ravi au Capitaine ſa montre &* 90. *fl. en argent: De la Carguaiſon,* 5. *demi pièces de Brandevin, un paquet de Damas,
une balle de Cuivre & quelques utenciles de cui-
ſine & quelques vivres.*

*Suivant la declaration de l'equipage du vaiſ-
ſeau, devant Notaire, la valeur monte à*
fl. 1000.

donnent du Traité de 1674., parvenant aux
Seigneurs Commiſſaires des Appels, contribueront en quelque meſure à leur procurer, de la
part de ce Tribunal reſpeſtable, la juſtice qu'ils
oſent s'en promettre.

Notre Navigation direſte aux Isles Françoiſes
étant l'article ſur lequel les Anglois ſe recrient
le plus, & qui a donné lieu juſqu'à preſent à la
priſe des Vaiſſeaux Hollandois, ſera auſſi le
premier objet de la diſcuſſion dans laquelle nous
nous voyons, avec douleur, obligés d'entrer.

Le Traité de Marine de 1674. condamne ſi
hautement la conduite que tiennent les Anglois
à l'égard des Vaiſſeaux Hollandois allant aux Isles Françoiſes de l'Amérique ou en revenant,
que l'on ne ſe ſeroit ſans-doute pas attendu à
voir les Anglois prétendre juſtifier leur condui-
O 4   te

Num. IV. *Du vaiſſeau* ELISABET *&* MAR-
GARETHA, *Capitaine* Cornelis Tromp *venant
de Charante deſtiné à Rotterdam, a eté volé par un
Capre Anglois* 7. *pièces de Brandevin, qui ſelon
la declaration de l'equipage du vaiſſeau ſont de la
valeur de*   fl. 800.

Num. V. *Du vaiſſeau la* MARIA, *Capitaine* Boudewyn Adrianſe, *a eté volé dans ſon
voyage de* Waterford *à* Rotterdam, *deux tonneaux de beurre, & quelques cordages neufs,
ſuivant le temoignage de l'equipage du dit vaiſſeau,
de la valeur de*   fl. 200.

te par la teneur de l'Article II. dudit Traité.
Ils osent cependant alléguer cet Article pour
leur justification, & ils en donnent une explication aussi fausse qu'il faloit nécessairement qu'elle le fût, pour qu'il y eût quelque ombre d'apparence que cet Article faisoit en leur faveur.
Avoir recours, pour justifier sa conduite, à un
Article du Traité de 1674. qui la condamne
hautement, tordre visiblement les termes de
cet Article, en donner une explication forcée,
& contraire au but du Traité, & ne pouvoir
rien alléguer de plus plausible, c'est indiquer
soi-même combien on soutient une mauvaise
Cause,

Num. VI. *Du vaisseau Capitaine* Gerrit *van*
Riet, *dans son voyage de Livourne à Rotterdam*
fut volé un baril de vin, 5. *balles de Chataignes,*
quelque cordages neufs & des vivres ; suivant la
declaration de l'equipage du vaisseau, la valeur
fl. 150.

Num. VII. *Du vaisseau les* DEUX SOEURS,
Capitaine Imke Dros *venant de* Bourdeaux *de-*
stiné pour Rotterdam, *fut volé un baril de Vin*
& *quelques utenciles de vaisseau, suivant le té-*
moignage du dit vaisseau, de la valeur de fl. 100.

Num. VIII. *Du vaisseau* LE JEUNE
AGÆUS *Capitaine* Jean Sybrands Huysman,
venant de Som *à* Amsterdam, *fut volé* 20. *Caif-*
ses de Thée, suivant le temoignage de l'equipage
du vaisseau montant à fl. 6000.

Caufe, & combien on manque de reffources pour la foutenir (*).

Tous ceux qui ont lu, avec la moindre attention, le Traité de Marine de 1674., favent que le but de ce Traité a été, que l'Angleterre ou la Hollande venant à entrer en guerre, celui des deux Etats qui refteroit en paix, pût commercer en toute liberté, même avec les Ennemis de l'autre Etat, en s'abftenant feulement de leur fournir des munitions de Guerre, qui feroient cenféts marchandifes de Contrebande, & dont on trouve une fpécification à l'Article III. dudit Traité. A la referve des Munitions de guerre, l'Article II. affure l'entiere liberté de Navigation & de Commerce à toutes les fortes de Marchandifes qui font l'objet du Commerce général en temps de Paix. Voici comment nous entendons ce Traité.

„ CEtte liberté de Navigation & de Commer-
„ ec (ftipulée dans l'Article I. pour tous
„ les Lieux indiftinctement, excepté les Places
„ bloquées ou invefties, conformément à l'Ar-
„ ticle IV.) ne fouffrira d'exception à l'égard
„ d'aucune forte de Marchandife, à l'occafion

O 5   „ ou

(*) Nous recommandons à nos Lecteurs une Brochure Hollandoife de 15. pages in Quarto, intitulée, *Het Gedrag der Engelfchen &c. La Conduite des Anglois à l'égard de la Hollande dans la Guerre paffée & dans la préfente Guerre.* Ladite Brochure fe trouve auffi chez l'Imprimeur de ces Mémoires fous le titre *Lettre d'un Seigneur du Gouvernement.*

„ ou pour cause de quelque guerre; mais elle s'é-
„ tendra à toutes les Marchandises qui font l'ob-
„ jet du Commerce général en temps de Paix
„ (Ce que l'expression d'être transportées en
„ temps de Paix signifie évidemment) excepté
„ cependant les Marchandises énoncées dans
„ l'Article III., & qui font désignées fous le
„ nom de Marchandises de Contrebande. "

Voici de quelle maniere les Anglois tordent
ces Expressions traduites littéralement. „ Cet-
„ te liberté de Navigation & de Commerce s'é-
„ tendra à toutes les fortes de Marchandises, qui
„ foient jamais transportées en temps de Paix.

„ La Conduite que l'on tient à l'égard des
„ Vaiffeaux Hollandois venant des Isles Fran-
„ çoifes de l'Amérique, eft fondée (difent les An-
„ glois) fur ce que l'Article II. du Traité de
„ Ma-

Num. IX. Du vaiffeau la FORTUNE, Capitaine Fokke Eeden venant de Rouen deftiné pour
Rotterdam, quelques pièces, deux Caiffes & deux
paquets de Marchandises, fuivant la declaration
&c. montant à   fl. 500.

Num. X. Du vaiffeau le JEUNE ISAAC,
Capitaine Marten van Santen allant de Dublin
à Rotterdam, deux tonneaux de beurre, une caiffe de Tabac en poudre, une Caiffe de mouchoirs
de foye, fuivant la declaration &c. montant
à   fl. 200.

„ *Marine de* 1674. *limite la liberté de Navi-*
„ *gation & de Commerce à ce qui se fait en temps*
„ *de Paix. En temps de Paix* (ajoutent-ils)
„ *les Hollandois ne trafiquent point aux Isles Fran-*
„ *çoises, & ne transportent point les productions*
„ *de ces Isles en Europe ou ailleurs; ce Commer-*
„ *ce étant défendu par le Roi de France à tout*
„ *autre qu'à des François. Que les Hollandois*
„ *prouvent donc qu'en temps de Paix ils faisoient*
„ *ce Commerce.*

Nous Hollandois répondons, que supposé que
nous ne fissions pas, en temps de Paix, le Commerce des Isles Françoises, néanmoins, & nonobstant la Guerre survenue entre l'Angleterre
& la France, nous sommes en droit, en vertu
des

Num. XI. *Du vaisseau le* DAAGERAAD,
Capitaine Clas Liefkind, *allant* d'Amsterdam *à*
Guernesey, 15. *Caisses de Thée &* 2. *ballots de*
Marchandises, montant suivant la decl. à fl. 4000.

Num. XII. *Du vaisseau de* WAKENDE
HOOP, *Capitaine* Siebe Melles, *venant de*
Charante à Rotterdam, 4. *demi pieces de Brande-*
vin & quelques pelleteries, suivant la decl. de la
valeur de fl. 800.

Num. XIII. *Du vaisseau* ARGYLE *Capitai-*
ne Chretien Frederic Treuy, *dans son voyage de*
St. Eustache *à* Rotterdam, *une partie de Sucre,*
de la valeur de fl. 300.

des Articles I. & II. du Traité de Marine de
1674., de commercer aux Isles Françoises, si
les François veulent y admettre nos Vaisseaux,
& moyenant que, conformément à l'Article III.
dudit Traité, nous nous abstenions d'y envoyer
des Munitions de Guerre ; puisqu'à la reserve des
Munitions de Guerre, l'entiere liberté de Navigation & de Commerce, tant eu égard aux
Lieux qu'eu égard aux *Marchandises*, nous
est accordée par les Articles I. & II.   Voici
l'Article I.

„ Il *sera libre & permis à tous & chacun des*
„ *sujets de S. M. B. de naviguer, trafiquer*
„ *& faire toute sorte de Commerce, en toute li-*
                              „ *berté*

Num. XIV. *Du vaisseau le* JEUNE HEN-
DRIK *Capitaine* Cornelis Loopuit, *dans son*
voyage de Bourdeaux à Rotterdam, 4. *tonneaux*
de Brandevin, suivant la decl. montant à fl. 300.
     Num. XV. *Du vaisseau* VLAARDING, *Ca-*
pitaine Fob Westerdyk, *dans son voyage de*
Bourdeaux *à* Rotterdam, *deux pieces de Brande-*
vin, un baril de vin rouge, 4. *tonneaux de*
beurre, suivant la decl. de la valeur de fl. 400.
     Num. XVI. *Du vaisseau* L'ELISABETH &
ANNA *Capitaine* Frederic Gyting, *dans son*
voyage de Bourdeaux *à* Rotterdam, *une piece de*
Brandevin suivant la decl. montant à   *fl.* 100.

,, berté & fûreté, dans tous Royaumes, Pays &
,, Etats, qui font actuellement, ou qui feront
,, dans la fuite en Paix, Amitié & Neutralité
,, avec ledit Roi, deforte qu'ils ne pourront être
,, inquiétés ou moleftés en aucune maniere dans
,, leur Navigation & dans leur Commerce, ni
,, par violence de Soldats, ni par Vaiffeaux de
,, Guerre ou autres Bâtimens appartenant aux
,, Seigneurs Etats-Généraux ou à leurs Sujets,
,, à l'occafion ou fous prétexte de quelques diffé-
,, rends ou hoftilités qui feroient furvenus ou
,, pourroient furvenir entre lefdits Seigneurs Etats-
,, Généraux & tels Princes ou Peuples, quels
,,   qu'ils

Num. XVII. Du vaiffeau JEAN ARNOLD
Capitaine Ary Kunft, dans fon voyage de
Bourdeaux à Rotterdam, une piece de Brandevin
montant fuivant la decl. à   fl. 150.
Num. XVIII. Du vaiffeau JEAN GERARD,
Capitaine Ary Janffe de Leeuw, allant de Bour-
deaux à Rotterdam, un baril de Vin de la valeur
fuivant la decl. de   fl. 100.
Les gens du Capre ont donné à un des matelots
un coup d'epée dans le bras & plufieurs à la tête.
Num. XIX. Du vaiffeau la JEUNE ANNA
Capitaine Tiebbe Isbrands Tiebbe, allant de St.
Malo à Rotterdam, 12. Rolles de toile à voiles,
un tonneau de Sucre, un autre à demi vuide &
beaucoup d'utenciles de vaiffeau, fuivant la declaration &c, la valeur de   fl. 1000.

,, qu'ils puiſſent être, en Paix & en Neutralité
,, avec S. M. B.

,, De même il ſera libre & permis à tous &
,, chacun des ſujets des Seigneurs Etats-Généraux
,, de naviger, trafiquer & faire toute ſorte de
,, Commerce, en toute liberté & ſureté, en tous
,, Royaumes, Pays & Etats, qui ſont actuelle-
,, ment, ou qui ſeront dans la ſuite en Paix,
Ami-

Num. XX. Du vaiſſeau la JEUNE YDA,
Capitaine Reyn Meynes allant de Charante à
Rotterdam, un baril de Vin, une demi pièce de
Brandevin, valeur. fl. 200.

Num. XXI. Du vaiſſeau de DAAGERADT,
Capitaine Claas Liefkindt, allant de Rotterdam
à Guerneſey; 8. balles de Marchandiſes, deux
autres, 11. barils de grains de genevre, une balle de bonnets, quelques pièces de toile cirée, ſuivant la decl. en valeur fl. 2000.

Num. XXII. Du vaiſſeau la JEUNE DE-
MOISELLE JEANNE, Capitaine Sjouke Thomas Lier, dans ſon voyage de Charante à Rotterdam; 6. demi pièces de Brandevin; valeur de
fl. 600.

Num. XXIII. Du vaiſſeau JEAN JACOB,
Capitaine Jaques Smith, dans ſon voyage de Som
à Rotterdam; un Paquet avec quelques Couſſins.

Num. XXIV. Du vaiſſeau la PROSPERITE'
de ROTTERDAM, Capitaine Wierd Hendriks,
dans

„ *Amitié & Neutralité avec lesdits Seigneurs*
„ *Etats-Generaux; desorte qu'ils ne pourront être*
„ *inquiétés ou molestés en aucune maniere dans*
„ *leur Navigation & dans leur Commerce, ni*
„ *par violence de Soldats, ni par Vaisseau de*
„ *Guerre ou autres Bâtimens appartenant à S.*
„ *M. B. ou à ses Sujets, à l'occasion ou sous*
„ *prétexte de quelques differends ou hostilités qui*
se...

---

dans son voyage de Lisabon *à* Rotterdam, *les gens
de l'équipage d'un Capre Anglois, après s'être rendu maitres du vaisseau, & coupé en pièces plusieurs
cordages, couperent quelques Sacs d'argent qui
étoient cachés dans la Cajute, & en prirent des
poignées; ils traiterent fort mal le Capitaine &
l'équipage, & ils volerent au Capitaine ses bou-
tons d'or, ses boucles d'Argent, sa Montre &
des habits.*

Num. XXV. *Le même Capitaine a été forcé
par un deuxieme Capre à payer* 11. fl. 16. - -
*pour un Coup de Canon tiré sur lui, non obstant
qu'il avoit baissé pavillon.*

*Et par un troisieme Capre il fut privé de toute
sa poudre, parcequ'il n'avoit plus d'argent, pour
payer un Coup de Canon que le Capre susdit avoit
tiré sur lui; suivant la déclaration de l'équipage
du vaisseau.*

Num. XXVI. *Du vaisseau* ANNA MARIA
& MARGARETHA *Capitaine* Pierre Hessels,
dans

,, seroient survenus ou pourroient survenir entre
,, sadite *M. B.* & tels Princes ou Peuples, quels
,, qu'ils puissent être, en Paix & en Neutralité
,, avec les Seigneurs Etats-Généraux des Pro-
,, vinces-Unies.

---

dans son voyage de St. Vallery à Rotterdam, un
Capre Anglois se rendit maitre du vaisseau d'une
maniere ennemie, ouvrit les ponts & en vola deux
paquets d'habits & de bas, un autre qui fut vuide & porté dans leur bateau, suivant la déclaration des gens du susdit vaisseau.

(XV.)

MEMOIRES

POUR SERVIR 'A

L' HISTOIRE

DE NOTRE TEMS,

PAR-RAPPORT AUX DISSENTIONS PRE-
SENTES ENTRE LA GR. BRET. ET
LA REP. DES PROVINCES
UNIES.

(XV.)

SUITE DU MEMOIRE CONCERNANT
LES PRISES FAITES PAR LES VAISSEAUX
DE GUERRE ET LES ARMATEURS AN-
GLOIS, DES VAISSEAUX HOLLAN-
DOIS ALLANT 'A L'AMERIQUE
OU EN REVENANT.

IL est clair comme le jour que l'Article I. nous autorise à naviguer &
commercer en tous Pays, Royau-
mes & Etats, dont les Souverains peuvent être
en Guerre avec l'Angleterre.   Et cela doit sans-
doute s'entendre, soit que nous ayons commercé par le passé dans lesdits Pays, soit que la
Guerre survenue entre l'Angleterre & les Souverains desdits Pays donne lieu à un nou-

veau

veau Commerce; puisque ledit Article I. ne distingue point entre un Commerce qu'on a fait auparavant, & un Commerce qu'on n'a pas fait auparavant. Il est donc très-naturel d'en conclure qu'il autorise tout Commerce quelconque, à l'exception de celui des Munitions de Guerre, l'unique Commerce qui soit defendu par le Traité, & qu'il autorise ce Commerce, en quels Articles qu'il puisse consister, sans que les Anglois soient en droit, dans le Cas présent, d'y apporter en aucune manière des obstacles & d'y mettre des empêchemens. Il est des plus expressément stipulé dans le susdit Traité de Marine de 1674. à l'Article VIII. que *toutes Marchandises* (excepté celles de Contrebande, savoir les Munitions de Guerre,) *chargées dans des Navires appartenans à des Sujets des Etats Généraux, seront Libres & Franches, quand même les Chargemens desdits Navires appartiendroient en tout ou en partie, aux Ennemis de S. M. B.* Et que cela se doive entendre de tout Commerce qui se fait en Amérique, com-

---

Num. XXVII. *Du vaisseau le* JEUNE JESTE *Capitaine* Gerbrand Sybouts, *on a endommagé dans son voyage, de Rouen à Rotterdam, la charge de verres, ouvert plusieurs Caisses & paquets, & les Anglois après avoir forcé les ponts, en prirent tout ce qui bon leur sembloit. Comme la decl. de l'equipage attéste.*

comme de celui qui a lieu en Europe: c'eſt ce que prouve inconteſtablement la fin de l'Introduction audit Traité, où il eſt dit, que les *Commiſſaires reſpectifs ſont convenus des ſuivans Articles d'un Traité de Marine, qui, en conſequence de l'Article VIII. du Traité de Weſtmünſter du 9, 19. Fevrier* 167$\frac{3}{4}$, *devra être obſervé tant ſur Mer que ſur Terre, dans toutes & chacune des Parties du Monde entier.*   L'Article XVI. porte de plus, que *les Exemplaires du ſusdit Traité de Marine ſeroient envoyés aux Directeurs des Indes Orientales & Occidentales & aux Gouverneurs reſpectifs de toutes les Colonies ſituées hors de l'Europe, afin d'y être obſervé par tous ceux qui dépendent de S. M. B. ou des Seigneurs Etats-Généraux des Provinces-Unies.*

Le but du Traité de 1674. (ſavoir que celui des deux Etats, qui ne ſeroit pas en Guerre, pût commercer en toute Liberté, même avec les Ennemis de l'autre Etat) eſt clairement indiqué dans l'Article I. où l'on eſt réciproquement convenu touchant les *Pays, Royaumes & Etats,*

P 2

Num. XXVIII. *Du vaiſſeau les* CINQ FRERES *Capitaine* Hans Johannes *allant de* Rouen *à* Rotterdam *a eté volé par l'équipage d'un Capre Anglois* 30. *à* 40. *pièces de pelterie, & un tonneau de grains de Genevre, & la charge conſiſtant de verre, a eté fort endommagée, comme l'equipage du vaiſſeau l'atteſte.*

Etats, où les deux Nations pourroient naviguer & commercer. Il y est stipulé, à l'égard des Sujets des Etats-Généraux, *qu'ils pourront en toute liberté & sûreté, naviguer, trafiquer & faire toute sorte de Commerce en tous Royaumes, Pays & Etats qui sont ou seront en Paix avec les susdits Etats Generaux, desorte qu'ils ne pourront être inquiêtés ou molestés en aucune maniere, dans leur Navigation & dans leur Commerce, par violence de Soldats, Vaisseaux de Guerre ou autres Bâtimens, appartenans à S. M. B. ou à ses Sujets, à l'occasion ou sous prétexte de quelques différends ou hostilités qui pourroient survenir entre S. M. B. & tels Souverains ou Etats en paix avec notre République.* Nulles traces de restrictions & de limitations dans cet Article, qui tend manifestement à étendre à tous les Lieux, l'entiere liberté de Navigation. Nulle distinction entre Lieux où l'on a navigué auparavant, & lieux où l'on n'a pas navigué auparavant.

Num. XXIX. *Du vaisseau* ANNA MARIA *&* MARGARETHA *Capitaine Pierre Hessels dans son voyage de* Whitehave *à* Rotterdam 4. *barils de Tabac, du Capitaine on pressa une Guinée & un Ducat, enfin tout son argent, une paire de boucles d'argent, du Caffé, Thée, Beurre, & Cordages furent enlevés suivant le témoignage.*

vant. Nulle exception, pour les Lieux où l'on ne navigue pas en temps de Paix; cè qui doit être observé avec beaucoup de soin, puisque c'étoit ici l'endroit de faire, eu égard aux Lieux, ces distinctions & ces exceptions, si l'on avoit eu dessein de le faire: ce que nous nions formellement, en nous fondant, non seulement sur la lettre, mais sur le but même du Traité.

Que tout Juge impartial & équitable décide sur ce simple exposé, si l'Article I. du Traité de 1674. ne nous autorise pas à faire aus Isles Françoises, lorsque l'Angleterre & la France font en Guerre, tout Commerce auquel S. M. T.C. veut bien consentir, excepté néanmoins celui qui consisteroit à fournir à ces Isles des Munitions de Guerre. Nous passons à l'Article II.

P. 3. » Cette.

Num. XXX. *Le vaisseau* ANNE MARGARETHA GALLEY *Capitaine* Elias Hellesen *appartenant à Rotterdam, loué par des Marchands qui demeurent à Rotterdam & chargé sur leur ordre à Marseille de diverses Marchandises, pour aller à Cadix & de là à St. Eustache, Colonie Hollandoise, a été enlevé par deux Capres Anglois & mené à Gibraltar; où la charge fut confisqué. Le vaisseau a été relaché, mais les frais qu'il fut obligé de payer montoient à* fl. 5000.

„ *Cette liberté de Navigation & de Commerce*
„ *ne souffrira d'exception à l'égard d'aucune sorte*
„ *de Marchandises, à l'occasion ou pour cause*
„ *de quelque Guerre; mais elle s'étendra à tou-*
„ *tes les Marchandises qui soient jamais trans-*
„ *portées en temps de Paix, excepté cependant*
„ *les Marchandises enoncées dans l'Article sui-*
„ *vant, & qui sont designées sous le nom de Mar-*
„ *chandises de Contrebande.*

On ne doit point perdre ici de vuë, que le but du Traité de 1674. est l'entiere liberté de Navigation & de Commerce pour celui des Etats qui ne seroit pas en Guerre; même suivant l'Article I. dans les Païs en Guerre avec l'autre Etat; & suivant l'Article II. en quelles Marchandises (excepté les Munitions de Guerre), que ce Commerce puisse consister. Le but particulier de l'Article II. est donc d'étendre la liberté de Navigation & de Commerce à toutes les Marchandises quelconques (excepté les Munitions de Guerre) qui font l'objet du Commerce général en temps de Paix. Pouvoit-on énoncer plus clairement dans ledit Article II., que l'entiere liberté de Navigation & de Commerce,

---

Num. XXXI. *Du vaisseau la* DEMOISEL-LE GERTRUID, *Capitaine Jean Paulsen, dans son voyage de Rouen à Amsterdam une Caisse de Thée, contenant* 4. *Caisses ordinaires de la valeur au moins de*　　　　fl. 1400.

merce, qui venoit d'être stipulée dans l'Article I. *en égard aux Lieux*, s'étendroit, *en égard aux Marchandises*, à toutes celles (les Munitions de Guerre seules exceptées) qui se transportent en temps de Paix, ou qui font l'objet du Commerce général en temps de Paix, expressions synonymes, par lesquelles on a certainement voulu désigner toutes Marchandises quelconques? La liberté de Navigation & de Commerce ne doit, comme porte le commencement de l'Article II. souffrir d'exception à l'égard d'aucune sorte de Marchandises, à la réserve des seules Munitions de Guerre. Il est évident que les Auteurs du Traité de 1674. n'ont voulu laisser aucune apparence d'obscurité à cet égard; car après avoir fait dans l'Article III. l'énumération des Marchandises comprises sous la dénomination de Marchandises de Contrebande, & après avoir spécifié dans l'Article IV. quelques Marchandises qui ne doivent point être rangées dans cette Classe, comme *Etoffes, Grains, Provisions de bouche, Bois de construction, Chanvres &c.*, les Auteurs du Traité déclarent à la fin dudit Article IV. que *toutes les Marchandises qui ne font pas énoncées dans le précé-*

P 4 *dent*

Num. XXXII. *Du vaisseau* LE SCIEUR, *Capitaine* Sjoers Liewes, *dans son voyage de Rouen à* Amsterdam *deux Caisses de Thée. Valeur de* fl. 700.

dent Article III. feront cenfées libres & permi-
fes, deforte qu'elles pourront être librement trans-
portées par les Sujets de celui des deux Etats qui
ne fera pas en Guerre, & même dans les Païs en
Guerre avec l'autre Etat, à la réferve toutefois
des Places affiégées, bloquées ou invefties, ce que
les Isles Françoifes n'étoient point.

Combien n'eft donc pas faux & deftitué de
tout fondement cet argument des Anglois, que
les Hollandois, ne commerçant pas en temps
de Paix aux Isles Françoifés, cela leur étant défendu par le Roi de France, ils ne pourroient,
en temps de Guerre, porter aux dites Isles, ni
en emporter des Marchandifes, puifque, fuivant l'interprétation arbitraire des Anglois, l'Article II. du Traité de 1674. *limite la liberté*
de Commerce à ce qui fe fait en temps de Paix?
Nous remarquons d'abord, que fi les expreffions de l'Article II. que l'on a en vuë, limi-
toient la liberté de Navigation & de Commerce à ces fortes de Marchandifes qu'il eft permis
aux Hollandois de transporter en temps de Paix,
elles auroient été employées à l'Article III. qui
eu égard aux Marchandifes, reftreint la liberté
de Navigation & de Commerce; & non à l'Article

Num. XXXIII. *Du vaiffeau le* JEUNE A-
GEUS, *Capitaine* Jean Sybrand Huysman,
venant de Charante à Rotterdam, un tonneau de
Brandevin percé, dont on tira la valeur de fl. 45.

ticle II. qui l'étend manifeſtement. Mais ces termes, *cette liberté s'étendra à tout ce qui ſe fait en temps de Paix,* détachés de ceux-ci, *cette liberté ne ſouffrira d'exception à l'égard d'aucune ſorte de Marchandiſes,* ont été artificieuſement ſubſtitués par les Anglois aux termes propres du Traité qui ſont, *cette liberté s'étendra à toutes Marchandiſes qui ſe transportent en temps de Paix,* & auxquelles il eſt évident que cet Article II. aſſure la même liberté de Transport en temps de Guerre. Il n'eſt point dit, *cette liberté de Navigation & de Commerce ne s'étendra qu'aux Marchandiſes qu'il eſt permis aux Hollandois de transporter en temps de Paix,* ce que l'explication des Anglois ſuppoſe manifeſtement: Il n'eſt pas même dit, *cette liberté ne s'étendra qu'aux Marchandiſes qui ſe transportent en temps de Paix;* mais l'Article porte, *cette liberté s'étendra à toutes les ſortes de Marchandiſes* (excepté les munitions de Guerre) *qui ſoient jamais transportées,* ou qui forment le Commerce général *en temps de Paix.* Ces expreſſions ſont uniquement relatives auxMarchandiſes, & aux ſortes de Marchandiſes: C'eſt pourquoi

P ſ quoi

Num. XXXIV. *Du vaiſſeau la* FORTUNE *Capitaine* Fokke Eeden *dans ſon voyage de* Rouen *à* Rotterdam *les deux tiers de trois balles de Marchandiſes &c. de valeur ſuivant la déclaration ſignée des propriétaires.* fl. 1120.

quoi elles ne se trouvent point à l'Article I. où
il est question des *Lieux* où l'on pourra commercer ; mais à l'Article II., où il est question
des *Marchandises* dans lesquelles on pourra
commercer. C'est donc de bien mauvaise foi,
que certains Jurisconsultes Anglois prétendent
appliquer aux *Païs, Royaumes & Etats*, & à la
Navigation & aux *Voyages*, ce qui est dit des
Marchandises, & nommément des *sortes de
Marchandises*. Restreindre la liberté de la Navigation & du Commerce de celle des deux Puissances contractantes, qui ne sera pas en Guerre,
aux Marchandises qu'elle pouvoit transporter
dans les autres Païs, en temps de Paix, c'est
faire cette supposition, absurde au dernier point:
que l'intention des Auteurs du Traité de 1674.
étoit, de ne pas permettre à cette Puissance de
porter en temps de Guerre dans d'autres Païs,
certaines Marchandises, dont l'entrée, y étant
toujours prohibée, l'est par conséquent en temps
de Paix comme au temps de Guerre ; comme,
par

Num. XXXV. *Le vaisseau* ADOLF ETIEN-
NE *&* ANNE BARBARA *Capitaine* Lucas,
Jacobsz Lont *dans son voyage de* Surinamen *à*
Rotterdam, *chargé de Caffé, Cacao & autres
produits de cette Colonie.a eté assailli le 15. de Febr.
1757. par un Capre Anglois nommé la Franco-
nie, Capitaine* James Smith, *& mené à Barba-
dos*

par exemple, en France, des Mousselines & des
Toiles de Coton imprimées, desorte qu'un Vaisseau Hollandois qui porteroit à-présent de ces
sortes de Marchandises en France, seroit de bonne prise pour un Corsaire Anglois.

Conformément au but du Traité de 1674.,
& en conséquence des Articles I. & II qui sti-
pulent une entiere liberté de Navigation & de
Commerce, & l'étendent à tous Royaumes,
Païs & Etats, excepté les Endroits assiegés ou
investis, & à toutes Marchandises quelconques,
excepté les munitions de Guerre, il a été libre
aux Sujets de S. M. B. lorsque les Etats - Généraux étoient en Guerre avec la France, de navi-
gueraux Isles Françoises de l'Amérique, & d'y
commercer, comme dans les autres Lieux de la
dépendance du Roi de France, moyenant que
S. M. T. C. voulût le permetre.   La permission,
ou la défense de ce Commerce n'est le sujet d'aucun engagement entre l'Angleterre & la Hollande,

---

dos sous pretexte d'avoir des Marchandises Françoises, & relaché après un examen de 4. jours.
A peine ce vaisseau fut-il parti de la Rade qu'un
deuxieme Capre Anglois l'attaqua, appellé le ROI
GEORGE Capitaine Thomas Mayburry, qui
voulut le mener sous le même pretexte que le premier à Antigoa, il prit pour cette fin tous les
papiers du vaisseau; il garnit le vaisseau de gens

An-

lande, & ne leur a jamais été relative, mais
elle dépend de la volonté de S. M. T. C.

Il est vrai qu'à l'égard du Commerce aux Isles
Françoises en particulier, il n'y a eu rien d'expressément conditionné dans le Traité de 1674.;
ce que l'entiere liberté de Navigation & de
Commerce, stipulée dans ledit Traité, rendoit
absolument inutile: mais à en juger par la nature des choses, suivant les simples lumieres du
Sens-commun, & autant que cela concerne la
Convention faite entre l'Angleterre & la Hollande, cette Navigation & ce Commerce aux
Isles Françoises, soit en temps de Guerre, soit
en temps de Paix; & soit que le Roi de France
le permette ou non, sont manifestement compris dans la Convention générale du Traité.
Et en quelles circonstances que l'on se trouve
relativement à la Paix ou à la Guerre entre les
Couronnes d'Angleterre & de France, il subsiste toujours, entre l'Angleterre & la Hollande, cette **Convention** générale: que les Sujets
des Etats-Généraux pourront naviguer & commercer.

_____

*Anglois, qu'il pourvût d'une Copie de sa Com-
mission de Capre; il croisa trois à 4. jours avec
ce vaisseau en Compagnie du premier Capre, jusqu'à ce qu'ils furent attaqués, passant l'Isle de
Guadeloupe, par 5. Capres François; le vaisseau
fut pris par un des Capres François & mené à
Gua-*

mercer librement en tous Pais en Paix & Neutralité avec la République; & de même des Sujets de S. M. B.

Les Anglois ont joui les premiers de cet avantage, & le Traité de 1674. a été fait dans un
temps où la stipulation de la liberté de Navigation & de Commerce étoit uniquement en leur
faveur. Ils en jouirent pendant quatre années
confécutives. N'est-il pas juste que les Hollandois en profitent à leur tour? Ceux-ci feroient-
ils en droit, s'ils entroient en Guerre avec l'E-
fpagne, de prendre les Vaisseaux Anglois, qui
navigueroient & commerceroient aux Indes
Espagnoles, & de confisquer ces Vaisseaux &
leurs Chargemens, fous prétexte que le Roi
d'Espagne défend aux autres Nations de commercer aux Indes Espagnoles? Et pour alléguer
un cas femblable à celui dont il est ici question,
on demande fi, lorsque les Etats-Généraux
étoient en Guerre avec l'Espagne jusque vers le
milieu de l'Année 1714., les Vaisseaux de Guerre, ou les Corsaires Hollandois auroient été en
droit de prendre le Vaisseau d'Assiente de la
Com-

---

*Guadeloupe, où vaisseau & charge furent confis-
qués, pour être armé de gens Anglois, & pourvû d'une Commission de Capre, par où il a été
causé aux proprietaires, suivant la declaration
fignée du maitre des Comptes du vaisseau un
dommage de*   *fl.* 130974.

Compagnie du Sud, qui faifoit alors fon premier Voyage?

Le Traité de 1674. a conftamment été compris & en Angleterre & en Hollande, comme nous l'expliquons: Auffi a-t-on trouvé, au commencement de la préfente Guerre, & à Londres & à Amfterdam, à faire affurer fur nos Vaiffeaux Hollandois deftinés pour les Isles Françoifes, à la modique Prime de dix pour cent; laquelle n'indique pas un Commerce bien dangereux. Le plus grand rifque que l'on prévoyoit alors, étoit fans-contredit celui de la Confifcation de la part des François; ce qui faifoit prendre la précaution de fimuler les expéditions pour nos propres Colonies.

La réfolution de nos Seigneurs les Etats de Hollande & d'Oftfrife du 24. Juin 1758. prouve encore que nos Souverains entendent le Traité de 1674. comme les Négocians l'ont entendu; & on ne fauroit l'entendre autrement. Le fens que nous donnons à ce Traité eft naturel: il s'accorde avec le but général du Traité, & avec le but particulier de chacun de fes Articles;

─────────────────────

Num. XXXVI. *Du vaiffeau* MARGARETHA MARIA *Capitaine* Sipko *Ritfema, dans fon voyage de* Rouen *à* Rotterdam, *a été volé par un Capre Anglois trois ballots de Marchandifes, plufieurs pièces de toile bleue, une pièce de*

cles; au-lieu que les Anglois ne se fondent que
sur la traduction trop littérale de cette seule
phrase, *cette Liberté de Navigation & de Commerce s'étendra à toutes les Marchandises qui
soient jamais transportées en temps de Paix*. Encore détachent-ils cette phrase de ce qui en
fait partie, & la considèrent-ils indépendamment de ce qui la précéde & de ce qui la suit;
mais nous, nous la considérons en son entier
& dans sa liaison avec ce dont elle est précédée
& suivie: nous n'en altérons pas, comme
eux, les termes: nous n'en donnons pas, comme eux, une interprétation forcée.

Mais c'est s'étendre trop à prouver que le
Traité de 1674. n'a point de sens, ou que
l'Article II. dans sa liaison avec les Articles I.
III. & IV. doit signifier, que *toutes les Marchandises qui font l'objet du Commerce général
en temps de Paix*, (excepté celles qui font désignées de Contrebande dans l'Article III.) *pourront dans le Cas qu'une des deux Puissances contractantes soit en Guerre, être transportées par
les*

---

de blanche, un tonneau de vin, 6. Caisses de Marchandise, coupé, déchiré & cassé plusieurs autres,
43. corbeilles de verrerie fort endommagée dont 7.
font entièrement ruinés. Suivant la déclaration
de l'équipage du vaisseau devant Notaire, La
valeur n'en peut pas être fixé, parceque les propriétaires ne l'ont pas marqué.

les Sujets de celle qui ne sera pas en Guerre, dans tous les Pays du Monde entier avec lesquels cette Puissance sera en Paix, sans autre exception que les Lieux qui se trouveront assiegés, bloqués, ou investis.

Nous sommes donc fondés à conclure que les Prises de Vaisseaux Hollandois allant aux Isles Françoises ou en revenant, sont des infractions manifestes du Traité de Marine de 1674.

Num XXXVII. *Du vaisseau le* DAGERAAD *Capitaine Claas Liefkind, en son voyage de Rotterdam à Bilboa une Caisse de Thée, valant fl.* 320.

MÉMOIRES

POUR SERVIR 'A

L'HISTOIRE

DE NOTRE TEMS,

PAR-RAPPORT AUX DISSENTIONS PRE-SENTES ENTRE LA GR. BRET. ET LA REP. DES PROVINCES UNIES.

(XVI.)

SUITE DU MEMOIRE CONCERNANT LES PRISES FAITES PAR LES VAISSEAUX DE GUERRE ET LES ARMATEURS AN-GLOIS, DES VAISSEAUX HOLLAN-DOIS ALLANT 'A L'AMERIQUE OU EN REVENANT.

Uand le Traité n'auroit jamais eu lieu, les Prifes de nos Vaiffeaux feroient fouverainement injuftes, fuivant le fimple Droit des Gens. En effet le Droit des Gens n'autorife-t-il pas une Nation à naviguer dans toutes les Mers? Une Nation n'eft-elle pas en droit de commercer avec une autre Nation qui y confent? Il eft évident qu'un Tiers ne peut s'y oppofer qu'autant qu'il feroit en Guer-

Q   avec

avec les deux Nations, ou avec l'une des deux;
& en ce dernier Cas, il feroit bien en droit de
prendre les Vaiffeaux & les Effets appartenans à
la Nation avec laquelle il feroit en Guerre;
mais il ne feroit nullement en droit de prendre
les Vaiffeaux & les Effets appartenans à la Nation avec laquelle il eft en Paix, à-moins que
cette Nation ne fournît des Munitions de Guerre à fes Ennemis.

Suivant des principes fi fimples, la France
ne s'oppofe point, dans les conjonctures préfen-
tes, à ce que les Vaiffeaux Efpagnols, Suédois,
Danois, Hambourgeois & Hollandois portent
en Angleterre, ou en emportent des Marchandifes. Les Anglois eux-mêmes, quoique
beau-

Num. XXXVIII. *Du vaiffeau le* JEUNE
MARTIN WILLEM *Capitaine* Helke Annes
Pranger *en fon voyage de* Rotterdam *à* Rouen, *un
Paquet de baleine coupée, valant.* fl. 233.

Num. XXXIX. *Du vaiffeau* DE DAGE-
RAAD *Capitaine* Claas Liefkind *en fon voyage
de* Rotterdam *à* Gigon, 4. *Caiffes de Thée de
Boy, valant* fl. 1288.

Du même vaiffeau dans fon voyage de Rotterdam *à* Bilboa, *une Pièce de linge fin &* 6. *Pieces Siamoifes, eftimés enfemble* fl. 271.

Num. XL. *Du vaiffeau* PIERRE & JEAN
Capitaine Andries Wartla *en fon voyage de* Rotterdam *à* St. Andreo 5. *pieces de linge eftimees*
fl. 280.

beaucoup moins scrupuleux, gardent néanmoins
assez de ménagemens à cet égard, pour que l'on
puisse prouver par leur propre exemple, que le
Droit des Gens est encore respecté. Les Hollandois sont-ils donc les seuls qui ne puissent
pas jouir de ce Droit, qui, indépendamment
de tout Traité, les autorisoit pleinement à commercer aux Isles Françoises, dèsque la France
vouloit bien y consentir?

Au Droit des Gens se joint un Traité clair,
formel, & qui décide absolument en notre faveur. Qui eût pu prévoir qu'au mépris de
droits si sacrés & d'engagemens si solemnels, les
Anglois oseroient même troubler *notre Navigation à nos propres Colónies!*

C'est le SECOND OBJET de cette discussion.
Cet objet est des plus intéressans pour nous.

Q 2

Au

***

Num. XLI. *Du vaisseau* MIDDELBURG
Capitaine Hendrik Cornelis Hansen, *allant de
Bourdeaux à Rotterdam, un baril de vin estimé
à*   fl. 30.

Num XLII. *Du vaisseau le Dageraad Capitaine Claas Liefkind venant de* Rotterdam *destiné à* Bilboa, 4. *balles de Siamoises, &* 16. *pieces de
toile cirée, de la valeur*   fl. 3400.

Num. XLIII. *Du vaisseau la* JEUNE AN-
NE *Capitaine* Tiebbe Ysbrand Tjebbes *venant
de* St. Malo *à* Rotterdam, 195. *Sacs de Thée
de Boy, en valeur*   fl. 10200.

Au grand préjudice de la République, on porte atteinte à une branche essentielle de son Commerce, & il est sans-doute de la derniere injustice de prétendre nous empêcher de naviguer à nos propres Colonies. Mais cette injustice est si manifeste, que nous nous étendrons beaucoup moins sur ce second objet, que nous ne l'avons fait sur le premier, d'autant plus que les mêmes argumens, qui établissent démonstrativement le droit que nous avons de naviguer aux Isles Françoises, n'établissent pas moins démonstrativement celui que l'on ne sauroit jamais nous contester de naviguer à nos propres Colonies en Amérique.

C'est envain que les Anglois veulent rendre suspect le Commerce que nous faisons à nos Colonies, en prétendant qu'il est confondu avec le Commerce (illicite selon Eux) qui se fait entre nos Colonies & les Isles Françoises. Nous avons prouvé ci-dessus la légitimité de ce Commerce. Que les Anglois tâchent d'en prouver l'il-

Num. XLIV. *Du vaisseau la* VILLE DE ROTTERDAM *Capitaine Pierre Riedt allant de Rotterdam à Rochefort* 13. *pièces de plomb. de valeur*　　　　　　　　　　*fl.* 125.

Num. XLV. *Du vaisseau* MARIA & ANNA *Capitaine Pieter van Riedt venant de* Rotterdam *destiné à* St. Vallery *un tonneau de Piement estimé à*　　　　　　　　　　*fl.* 160.

l'illégitimité, & qu'ils répondent, s'ils le peuvent, au préſent Mémoire!

I. Les Anglois nomment nos Colonies l'en-
trepôt des Denrées Françoiſes. Ne le ſont elles
pas toujours plus ou moins? Et parce que l'Angleterre & la France ſont en guerre, eſt-il défendu aux Habitans de nos Colonies de trafiquer avec les François, leurs Voiſins & leurs
Amis? Nullement. Nous l'avons prouvé ci-
deſſus.

II. Les Anglois nous objectent que non ſeulement nos Vaiſſeaux ſont chargés de Denrées
Françoiſes, mais qu'une grande partie de leurs
chargemens appartient à des François. Le premier eſt vrai, mais nous ne convenons nullement du ſecond. Et pourquoi aurions-nous
fait, pour Compte des François, un Commer-

Q 3   ce

Num. XLVI. *Le vaiſſeau* ANNE *&* ELISA-
BETH *Capitaine* Claas Pieterſe *apartenant à des
Bourgeois de* Rotterdam *& chargé pour leur
Compte, deſtiné aux Indes Occidentales, a eté volé
& pillé par quantité de Capres Anglois de pluſieurs
effets, & enfin enlevé par un Capre & mené à
Jamaica, où, non obſtant que dans une examen
exact tous les pappiers du vaiſſeau furent trouvés juſtes, & pas la moindre Contrebande, il fut
confiſqué par le juge de l'Amirauté appellé Wib-
bely, declaré pour une bonne priſe & vendu.
Vaiſſeau & Cargaiſon ſont eſtimés à* fl. 55000.

ce avantageux, que nous pouvions faire pour
notre propre Compte? D'ailleurs quand cela seroit, nous sommes-nous engagés à ne point
charger des Denrées du crû des Isles Françoises,
& à ne point faire de Commerce pour Compte
des François?

III. Les Anglois avancent que les Denrées
Françoises que portent nos Vaisseaux venant de
nos Colonies, n'ont point été prises de dessus
le Rivage ou le Quai, mais simplement transportées dans nos Vaisseaux hors de Barques venant
des Isles Françoises. Quand cela seroit, avons-
nous fait avec les Anglois une Convention, que
nos Vaisseaux ne chargeront des Denrées du
crû des Pays avec lesquels ils sont en Guerre,
qu'autant que ces Denrées auront été préalablement

Num. XLVII. *Le vaisseau Dame Sabine
Henriette, Capitaine* Goke Lubberts Nap, *en son
voyage de* Rotterdam *à* Suriname *a été attaqué
par un Capre Anglois qui a fort endommagé la
Carguaison & maltraité l'équipage. Un deuxieme Capre donna à ce vaisseau une décharge entiere, par où un paroi du vaisseau fut percé & le
Charpentier blessé.*

Num. XLVIII. *La Fregatte nommé* PARA-
MARIBO *conduit par le Capitaine* Jan Stavenaer
a été volé le 3. *Août* 1757. *sur la largeur de*
48. *degrés* 48. Min. *par un Capre Anglois &
pillé, de la valeur de* fl. 2000.

ment transportées sur le Territoire de la République.

IV. Les Anglois se plaignent que nous faisons l'avantage de leurs Ennemis, que nous approvisionnons les Isles Françoises, & que nous débarrassons les Colons François de Denrées dont ils ne sauroient trouver, d'une autre maniere, le débouché. On sait très-bien qu'il n'importe pas tant à la France, si quelques Denrées des Isles Françoises se vendent ou non, & qu'à la rigueur ces Isles peuvent se passer des Provisions d'Europe. Si le manque de ces Provisions pouvoit entraîner la ruine des Isles Fran-

Q 4   çoises,

Num. XLIX. *Le vaisseau la Demoiselle* ELISABETH ANTONIA *a été volé le* 23. *Avril* 1757. *par un Capre Anglois de la valeur de*

fl. 4000.

Num. L. *La Fregatte la* FORTUNE, *Capitaine* Jaques Gerards *destiné pour Rotterdam aux Indes Occidentales, apres avoir été visité par divers Capres, entra dans un port Espagnol appellé* Montechrist *dans l'Isle* Hispagnola, *pour y prendre de l'eau, dont il fut tiré parforce par un Capre Anglois, & mené a* Jamaica *& confisqué non obstant qu'il se trouvât dans le vaisseau une déclaration asseurée avec serment, que le vaisseau & la Carguaison appartenoit à des Hollandois. La valeur monte à*

fl. 80000.

çoifes, le Gouvernement Anglois empêcheroit
fans-doute que les Anglois eux-mêmes n'y
fourniffent des Provifions, comme ils l'ont fait
encore en dernier lieu à divers endroits de l'Isle
de St. Domingue, au moyen de chargemens
de Vaiffeaux Hollandois confifqués ou pillés.
Pourquoi nous, qui fommes neutres dans la
préfente Guerre, nous abftiendrions-nous plutôt de commercer avec les François, tant en
Amérique qu'en Europe?

V. Les Anglois fe recrient fur ce que quelques-uns de nos Vaiffeaux deftinés non feulement pour nos propres Colonies, mais même
pour les Colonies Françoifes en Amérique, ont
été charger des Provifions de bouche dans des
Ports de France. Les Anglois ont-ils oublié
ce que porte la Déclaration (*) datée de la
Haye du 30. Décembre 1675. tendant à ap-
planir quelques difficultés fur le fens de certains
Articles du Traité de 1674. Le Chevalier
Temple, Ambaffadeur de S. M. B. & les Commiffaires des Etats-Généraux y difent en fub-
ftance,

(*) Cette Déclaration, compofée en Latin. fe
trouve en François dans le *Corps Univerfel Diplomatique* Tome VII. Partie I. p. 319; & en Anglois dans
l'Ouvrage intitulé *The Laws, Ordinances, ad Infti-
tutions of the Admiralty of Great Britain, Civil and
Military* 2d. Vol. page 86. Londres 1746. Octavo,
où l'on s'eft fans-doute trompé à l'Année, qui doit
être 1615. & non 1674.

ſtance, que *la Liberté de Navigation & de Commerce pour celle des deux Puiſſances contractantes qui ſeroit en Paix, pendant que l'autre Puiſſance ſeroit en Guerre, ne ſe borneroit pas aux voyages qui ſe feroient d'un Port neutre à un Port appartenant aux Ennemis de la Puiſſance en Guerre; mais s'étendroit aux Voyages entre deux Ports, appartenans tous deux aux Ennemis de la Puiſſance en Guerre.*

Mais nous répondons en général à ces vaines objections (que la Chicane ſeule, excitée par un Eſprit de Jalouſie de Commerce, a pu dicter) que le Droit des Gens & le Traité ſolemnel de 1674. autoriſent pleinement le Commerce qui ſe fait entre nos Colonies & les Iſles Françoiſes de l'Amérique.

L'Article premier dudit Traité nous aſſure la pleine Liberté de Navigation & de Commerce

Q 5

dans

Num. LI. *Le vaiſſeau* CATHARINA MARGARETHA *Capitaine Laurent Roelofs,* a été enlevé en ſon voyage de Rotterdam à Havre de Grace & mené à Portsmouth, & dechargé là; & quoique les Anglois perſuadaſſent, que la charge conſiſtant en mais, planches &c. ſeroit payé, il n'en a été payé que le tiers, ainſi que les Aſſeuradeurs y perdent la ſomme de   fl. 12000.

Du vaiſſeau de Jonge Jouwer Capitaine Siebe Broers, en ſon voyage de Rotterdam à Rouen, un Paquet de balaine eſtimé à   fl. 160.

dans *tous les Lieux* qui ne font pas bloqués, ce que les Isles Françoifes n'étoient point, comme il confte par le grand Commerce (objet d'une jaloufie plus grande encore) que les Anglois eux-mêmes foutiennent que nous y avons fait.

L'Article fecond étend la Liberté de Navigation & de Commerce à *toutes les Marchandifes* quelconques, excepté les Munitions de Guerre. Or les Provifions de bouche, les Toieries &c. ainfi que les Sucres, les Caffés, les Indigos, les Cotons, qui compofoient les Chargemens de nos Vaiffeaux, ne font certainement pas des Munitions de Guerre, & ne peuvent par conféquent pas être mis dans la Claffe des Marchandifes de Contrebande.

Que les Anglois ne difent point, que les Denrées dont nos Vaiffeaux font chargés, font du crû de leurs Ennemis, qu'elles appartiennent même en grande partie à leurs Ennemis. Il eft expreffément ftipulé à l'Article huitieme, que

Num. LII. *Le vaiffeau les 5. FRERES Capitaine de Hartman, deftiné de Rotterdam à Nantes, a eté emmené à Chattam, où il fut dechargé, & la charge payé fuivant la taxe faite en Angleterre, où les Affeuradeurs perdirent environ fl. 4500.*

Num. LIII. *Du vaiffeau les Deux Soeurs Capitaine Pieter Kron, en fon voyage de Rotterdam*

que *tout ce qui se trouvera chargé dans des Vais-*
seaux Hollandois sera Libre & Franc, *quand*
même les Chargemens desdits Vaisseaux appar-
tiendroient en tout ou en partie aux Ennemis de
S. M. B. Suivant les Articles premier & second,
les Dissensions & les Guerres dans lesquelles l'une
des deux Puissances contractantes viendra à se
trouver engagee, ne pourront point lui fournir
de pretexte de troubler la Navigation & le Com-
merce de l'autre Puissance.

Se peut il rien de plus clair, de plus formel,
de plus propre à confondre les vaines objections
que l'on nous fait, & à montrer la frivolité des
prétextes sur lesquels on arrête nos Vaisseaux ve-
nans de nos Colonies en Amérique?

Il seroit bien difficile de se contenir dans les
bornes de la modération que l'on s'est prescrites,
si l'on se permettoit d'entrer ici dans le détail de
l'infraction de tant d'autres Articles formels du
Traité de Marine de 1674., & d'expoier avec
quelque étendue la maniere irréguliere dont nos
Vaisleaux font examinés & traités en Mer par
les

à Nantes, *a été volé de plusieurs effets*, *dont les*
asseurateurs ont payé fl. 915.

Num. LIV. *Du vaisseau* JEANJAQUES,
Capitaine Rœlof Cœdessen, *en son voyage de*
Rotterdam *à* St. Vallery, *fut volé* 9. *pieces de*
plomb, *un Paquet de baleine & un tonneau de*
Raisin, *estimé ensemble à* fl. 270.

les Corfaires Anglois; - - - Les Vols crians
que ces Corfaires y commettent; - - - Les
mauvais Traitemens qu'effuyent nos Equipages
- - - ; Les Tentatives que l'on a fait fi fouvent
pour leur arracher, à force d'argent, de fauffes déclarations - - - ; Les Sentences précipi-
tées, arbitraires, injuftes de diverfes Cours d'A-
mirauté en Angleterre, en Irlande, & fur tout
dans les Colonies Angloifes en Amérique - - ;
Les Appréciations qui fe font à vil prix, de nos
Vaiffeaux & de leurs Chargemens, nonobftant
les plus formelles proteftations de nos Capitaines - - - ; Les Ventes qui s'enfuivent fans le
concours de reclâmans - - - ; L'Infuffifance
des Cautions que fourniffent les Capteurs - - ;
Les terribles Fraix auxquels nos Vaiffeaux, quoique

Num. LV. *Du vaiffeau le* JEUNE MAR-
TIN & GUILLAUME, *Capitaine* Hilke Annes Pranger, *deftiné de Rotterdam à Rouen, une
Caiffe de Marchandife, dont les Affeuradeurs ont
payé*   fl. 3038.

Num. LVI. *Du vaiffeau* DE BAAL HOP
Capitaine Martin Johannes, deftiné de Rochelle *à St. Vallery* 4. *pieces de Brandevin, valeur
de*   fl. 680.

Num. LVII. *Du vaiffeau le* JEUNE GE-
RARD *Capitaine* Pierre Gorter *deftiné à Fe-
camp, deux paquets d'os de balaine, & une table, la valeur de*   fl. 280.

que déclarés libres, font cependant condamnés;
& tant de Pertes & de Dommages que les Prifes de nos Vaiffeaux entraînent après elles. Eft-
il poffible, que, fi le Gouvernement Anglois l'eût
réellement voulu, il n'eût pas pu, fans nous
renvoyer au Cours fi long & fi dispendieux de
fa Juftice ordinaire *, mettre un frein à l'avidité
& aux violences des Capteurs, & faire ceffer
des procédés que tous les honnêtes-gens en Angleterre condamnent, & qui couvriroient à jamais la Nation Angloife de honte, s'il n'en étoit
fait une éclatante Juftice !

Toute l'Efperance des Négocians Hollandois
eft dans l'équité de S. M. B. Notre Nation a lieu
de fe flatter qu'un Roi auffi jufte prêtera une
oreille attentive aux plaintes qui feront portées
de la part des Négocians Hollandois devant fon
Confeil. Les Membres de ce Confeil refpectable

* Il faudroit dire *la* juftice ordinaire, puifqu'il
eft en queftion, affez generalement, Si les juges Chre-
tiens n'ont pas autant de bonfens ou de probité, que
les juges Turcs, qui voyent d'abord le vrai & deci-
dent felon l'équité.

Num. LVIII. *Du vaiffeau la* VIGILENCE
Capitaine Frederic Smit *venant de* Marfeille, *deftiné à* St. Vallery, *a eté mené à* Pleymouth, *où
il a eté arrêté trois mois, & relaché enfin, mais
condamné à tous les fraix, pour lefquels les Affeuradeurs ont payé*   fl. 4.345.

ble considéreront sans-doute, que non seulement les Prises de nos Vaisseaux sont injustes pour le fond; mais qu'elles sont encore souverainement irrégulieres quant à la forme.

Suivant le simple Droit des Gens & suivant les Traités, les Prises de nos Vaisseaux sont injustes. Le Droit des Gens n'est pas encore aboli. Le Traité de 1674. subsiste en son entier. Ce Traité a été expliqué en 1675; & S. M. B. a bien voulu le confirmer en 1728, 1743 & 1744. Cependant, sans avertir que l'on ne vou-

Num. LIX. *Du vaisseau* CICILIA GALLEY, *Capitaine* Jean Friesberg, *en son voyage de* Rotterdam *à* Bourdeaux, *divers utenciles de vaisseau & de Cuisine; comme aussi du vaisseau* Dame SARE MARIE *en son voyage de* Rotterdam *à* Rochelle; *montant ensemble à* fl. 700,

Num. LX. *Du vaisseau la* DEMOISELLE MARIE *Capitaine* Pieter van der Velden, *venant des Indes Occidentales, destiné pour* Rotterdam, *a été mené à* Douvres *le* 4. Avril 1758. *La valeur de* fl. 300000.

Num. LXI. *Du vaisseau le* DAGERAADT, *Capitaine* Klaas Liefkindt, *venant de* Rotterdam, *destiné pour* Bilbao, 7. Caisses & une demie Thée, 9. pièces de mouchoirs, une pièce de linge d'Arabie, deux pièces de Silésie estime le tout ensemble à fl. 2843.

vouloit plus ni respecter le Droit des Gens ni
observer les Traités; sans prévenir qu'on avoit
dessein de nous empêcher de naviguer & de
commercer, non seulement aux Isles Françoises,
mais même à nos propres Colonies en Amérique; enfin, sans aucune Déclaration préalable
on prend tous nos Vaisseaux! Entre Ennemis
même, on s'avertit préalablement, & à combien plus forte-raison doit-on avertir des Amis
&

Num. LXII. *Du vaisseau* ELISABETH, *Ca-*
pitaine Michel Blom *en son voyage de* Rotterdam *à* Gigon, *plusieurs effèts de la charge estimés*
ensemble à fl. 273.

Num. LXIII. *Du vaisseau* PIERRE ET
JEAN *Capitaine* Cornelis Wartla *en son voyage*
de Rotterdam *pour* St. Andero, *plusieurs effets*
de la valeur de fl. 225.

Num. LXIV. *Du vaisseau le* DAGERAAD
Capitaine Clas Liefekind *venant de Rotterdam,*
destiné à Bilbao, *un tonneau de grains de Gene-*
vre, un paquet de bonnets, 160. *serviettes, du*
Cuir &c. fl. 175.

Du même vaisseau venant de Guernesai desti-
né pour Rotterdam, un baril de Sucre de fl. 389.

Num. LXV. *Du vaisseau la* DAME GER-
TRUID *Capitaine* Johannes Paulsen, *en son*
voyage de Rouen *pour* Amsterdam *il a eté volé*
par l'equipage d'un Capre Anglois, qui vint
les

& des Alliés, qui fe fient à un Traité folemnel, qui n'a point été révoqué? Les Algériens mêmes, à leur derniere rupture avec la Hollande, ont attendu deux mois avant de commettre des Hoſtilités, par reſpect pour le ſerment du Traité qu'ils rompoient.

---

les épées des haches à la main & ouvrit les ponts, & prit un paquet d'etoffes de Soye, une Caiſſe de Thée, une autre avec des Tabattieres &c. un demi baril de vin, & pluſieurs autres effets, de   *fl.* 4000.

   Num. LXVI. *Le vaiſſeau* FRANçOIS GUIL-LAUME *ayant jetté l'ancre devant* Grand Baſa, *a eté forcé par un Capre Anglois à laiſſer ſon commerce & à partir de là, parceque les habitans le menaçoient de le couler à fonds s'il le continuoit, ſuivant la declaration de l'equipage dudit vaiſſeau.*

(XVII.)

MEMOIRES
POUR SERVIR 'A
L'HISTOIRE
DE NOTRE TEMS,

PAR-RAPPORT AUX DISSENTIONS PRE-SENTES ENTRE LA GR. BRET. ET LA REP. DES PROVINCES UNIES.

(XVII.)

REMARQUES IMPARTIALES SUR LE DROIT DES NATIONS NEUTRES DE NAVIGER LIBREMENT, CONFORME-MENT AUX TRAITE'S, ET DE SE FAIRE REMBOURSER TANT SUR LE ROI QUE SUR LA NATION BRITANNIQUE, DES TORTS ET DES DOMMAGES SOUFFERTS.

LA proprieté des chofes a été introdui-te par la Loi de la Nature humaine, qui fait difcerner le jufte d'avec l'injufte, le permis d'avec le defendu. Par confequent il eft injufte & defendu d'attenter fur le bien d'au-

R   trui,

trui, soit sur le continent, soit en mer, sans
le consentement exprès ou tacite du proprietaire, & il est également injuste, c'est-à-dire
contraire à la loi de la Nature, de saisir le Navire de quelqu'un par mer, & de s'emparer de
ses biens fonds, sans qu'il y consente.

2. Cependant il s'est introduit dans cette Loi,
en vuë de l'utilité & de la convenance du genre
humain en general, d'un consentement universel, diverses exceptions; & c'est ce qu'on appelle le Droit des gens. Par exemple:

3. Comme on risque toujours d'être molesté
en mer par des Pirates, le Droit des gens permet aux Vaisseaux de guerre de visiter, même
en tems de paix, chaque vaisseau qu'ils rencontrent en mer, c'est-à-dire d'envoyer à son
bord *deux* ou *trois* personnes, pour examiner,
si c'est un Vaisseau pirate, ou s'il fait route legitime; & tout batiment, qui se refuse à une
vi-

Num. LXVII. *Le vaisseau nommé la* DAME
MARGARETHA *Capitaine* François Bette, *en
son voyage de* Rotterdam *aux Indes Occidentales
a été enlevé & mené à* St. Christoffle. *Sa valeur est de*
fl. 45000.

Num. LXVIII. *Le vaisseau* DAME JACO-
BA *Capitaine* Mathys Schram *allant d'Amsterdam aux Indes-Occidentales, a été mené à* Halli-
fax, *il etoit chargé pour le compte de Marchands
de Rotterdam, de la valeur de* fl. 78000.

vifite auffi amicale, donne lieu de foupçonner,
qu'il eft piratique, & peut être attaqué & faifi
par la force, fans s'expofer au reproche d'avoir
bleffé le Droit de la nature & des gens, ou in-
fulté la Nation, à laquelle le Vaiffeau appartient.
J'ai dit, qu'il peut y envoyer *deux* ou *trois* perfonnes; Car aucun Maitre de Vaiffeau n'eft
obligé d'admettre en mer fur fon bord un
nombre de gens affez confiderable, pour pouvoir fe rendre maitres de lui & de fon batiment;
& s'il y eft forcé, quoi qu'il n'en fouffre aucun
tort, la Nation dont il eft, doit l'envifager comme une infulte faite à elle même, & en demander fatisfaction.

4. En tems de guerre, c'eft-à-dire toutes les
fois, que deux Nations ont guerre enfemble,
le Droit des gens permet aux Vaiffeaux de guerre de l'une & de l'autre, de vifiter *de la même*
maniere chaque Navire qu'ils rencontrent en
mer, pour voir, non feulement s'il navigue
dans les régles, ou fi c'eft un Pirate; mais en-

R 2   core

Num. LXIX. *Du vaiffeau Vlarding*, Capi-
taine Tob Wefterdyk *venant de* Bourdeaux,
deftiné pour Rotterdam, *font pris deux pieces de vin*,
valant.   fl. 2000.

Num. LXX. *Du vaiffeau* L'ELISABETH *de*
LIDIE *Capitaine* Joris Altena *venant de* Nantes
deftiné pour Amfterdam, 12. *entieres &* 6. *demi*
caiffes de Thée.   fl. 6000.

core s'il appartient à une Nation neutre ou ennemie.　Car ſi c'eſt un Vaiſſeau ennemi, &
que toute la cargaiſon lui apartient, le Vaiſſeau
& la cargaiſon devient de bonne priſe, & tournent au profit du Capteur, en vertu des loix
de la guerre reconnues ſans contradiction, &
adoptées partout.　Mais ſi c'eſt un Vaiſſeau
neutre, ou que la cargaiſon d'un Vaiſſeau ennemi appartient en tout ou en partie à des amis,
alors il en reſulte pluſieurs queſtions qui ont été
determinées differemment en tems differens,
& parmi differentes Nations; par conſequent
il n'eſt pas aiſé de determiner ce que dicte en
pareil cas le Droit des gens.　Grotius même
avoue, Livre III. chap. 1. ſect. 5. No. 4. & 5.
Que ſur certaines queſtions de cette eſpéce il eſt
obligé de recourir au Droit de nature, par ce
qu'il ne trouve rien d'établi là deſſus par le Droit
des gens, & que par cette raiſon, ceux qui
font la guerre ont la coûtume d'envoyer publiquement faire des Significations aux autres Etats,

à

Num. LXXI. *Du vaiſſeau le* JEUNE HEN-
DRIK *Capitaine* Cornelis Loopuyt *venant de
Bourdeaux à Rotterdam*, 4. *pieces de vin
valant*.　　　　　　　　　　　　　　*fl.* 600.

Num. LXXII. *Du vaiſſeau le* JEUNE AR-
NOLDUS, *Capitaine* Ary Kunſt, *allant de
Bourdeaux pour Rotterdam*, *une piece de vin
valant*.　　　　　　　　　　　　　　*fl.* 150.

à fin qu'ils foyent informés non feulement de
la juftice de leur Caufe, mais encore de l'efpé-
rance probable, qu'ils ont, de tirer raifon de
l'injuftice, qu'on leur pourroit faire là-deffus.
Or, pourfuit-il, nous avons raporté cette queftion au Droit de Nature, par ce que nous n'a-
vons point trouvé dans l'Hiftoire qu'on en eût
rien decidé par le Droit des gens volontaire.

Il faudra donc, dans tous les doutes de pareille nature prendre pour guide le Droit de nature & l'utilité & convenance du genre humain:
Car une pratique, qui non feulement eft contraire au droit de natute, mais encore incombinable avec l'utilité & convenance du genre
humain, ne peut jamais devenir par l'ufage
compatible avec le Droit des gens, non plus
que la *Poligamie*, ni autres defordres, ne fauroient à
force d'ufage devenir conformes au Droit de
nature, encore que plufieurs nations les exer-
cent publiquement & ouvertement.

6. Ces principes étant pofés, examinons
maintenant la queftion, qui s'agite actuellement
*favoir, fi un Vaiffeau neutre peut être detourné
de fon cours, & amené ailleurs en confequence*

R 3 *d'une*

Num. LXXIII. *Du vaiffeau* MARGUARI-
THA MARIA *Capitaine* Sipko Riftema *venant
de* Rouen *deftiné pour* Rotterdam, *deux Caiffes
de cierges, valeur fuivant la declaration Signée
des proprietaires.* fl. 300.

d'une prefomption ou d'un foupçon, d'avoir à bord des effets apartenans aux Ennemis, & fi l'on peut declarer ces effets de bonne prife, à moins que le Vaiffeau ne fourniffe des preuves, qu'ils apartiennent à des ennemis.

7. Il faut avouer, qu'en de pareils cas, des Nations belligerantes fe font donné de grandes libertés, particulierement vis à-vis des Vaiffeaux apartenants à des Etats neutres, qui ne fe trouvoient pas à même de refentir l'injure. Mais cette pratique, tant qu'elle fera contraire au droit de Nature & incombinable avec l'utilité & la convenance generale du genre humain, ne fauroit jamais s'établir en qualité de Droit des gens.

8. Or c'eft évidemment bleffer le droit de Nature, que de faifir la proprieté d'un homme, qui eft en paix avec moi, ou de l'en depoffeder, quand ce ne feroit, que pour un moment: par confequent, de faifir le Vaiffeau d'un tel homme en mer, eft très fûrement une infraction

Num. LXXIV. La charge du vaiffeau JO-HANNA MARIA Capitaine Gerrit Koter venant de Breft chargé de froment, farine &c. a eté enlevé & mené à Plymouth par un Capre Anglois appellé le DEAL CASTLE, Capitaine Robert Cuer, & confifqué. On n'en peut pas marquer la valeur, la charge n'appartenant pas à Rotterdam.

fraction du susdit Droit. Son Vaisseau est sa
proprieté, en quelque endroit qu'il se trouve,
& je n'y puis entrer pour saisir les effets ennemis, qu'il pourroit avoir à bord, non plus que
dans un Port ou Territoire neutre, pour m'emparer des Navires, ou des effets d'un ennemi.
Bien au contraire, ce droit de Nature a été si
fermement établi par les Loix & les coutumes
de toutes les Nations, que quand je suis actuellement en poursuite d'un Vaisseau ennemi, &
que celui-ci s'échape dans un Port neutre, ce
seroit une infraction de la neutralité, si l'on
me permettoit d'entrer dans le port & de m'emparer du Vaisseau. *Grotius* dit en termes exprès *Livre III. chap. 6. sect. 26. No. 2.* qu'une
Puissance neutre est en droit d'empêcher, qu'on
saisisse les effets des ennemis sur son Territoire.

9. Quand on considere ensuite l'utilité & la
convenance générale du genre humain, il est
certain que la liberté du Commerce & de la Navigation est d'une utilité universelle, & que
tout le Monde y trouve son compte, au lieu
que la maxime qui permet de saisir les effets des

Num. LXXV. *Du vaisseau le* Jeune Hendrik
Capitaine Martin van der Linden *venant de*
Bourdeaux *destiné pour* Rotterdam, *a eté pillé
par quatre Capres differens, de la valeur de*
fl. 1000.

ennemis à bord d'un Vaiſſeau neutre, doit néceſſairement aſſujettir toutes les Nations à tant de
vexations & occaſionner tant de diſputes & de
diſcuſſions, que ſi elle étoit univerſellement reconnuë, il n'y auroit plus de liberté de Commerce & de Navigation auſſi long-tems qu'il reſ-
teroit encore au Monde deux Nations, qui ſe
fiſſent la guerre. Auſſi toutes les Nations commerçantes en *Europe* ſentent ſi vivement les inconveniens, qui reſulteroient pour tout le Monde, de la maxime en queſtion, que la plûpart
d'entre elles ont adopté la régle contraire, ſavoir, *que bord libre rend la marchandiſe libre*,
& l'ont établie par des Traités exprès. Et comme l'utilité & la convenance generale du genre
humain fourniſſent l'unique fondement ſolide
au Droit des gens, ces Traités bien loin d'en
former une exception, prouvent évidemment,
que la régle qu'ils y établiſſent, apartient au
Droit des gens, & devroit être ſuivie dans la
pratique de toutes les Nations.

10. En

Num. LXXVI. *Le vaiſſeau le* PRINCE
GUILLAUME, *Capitaine* Francis Maaz *venant directement de* St. Euſtache *à* Rotterdam *a
été pris par un Capre de* Leverpool *appellé* HE-
LENE *Capitaine* Kirby *& mené à* Leverpool,
*pendant que le Capitaine avec la plus grande par-
tie de l'equipage fut mené à* Jamaica. *Vaiſſeau
& charge eſt eſtimé enſemble à* fl. 70000.

10. En effet il n'eſt point de Nation, qui ait tant d'intérêt de ſouhaiter, que cette régle ſoit reconnuë partout comme une maxime du Droit des gens, que les *Anglois*. Que deviendroit leur Commerce dans la *Mediterranée*, ſi les *Turcs* & les *Maures* ſaiſiſſoient tous les Vaiſ-ſeaux, qu'ils rencontreroient en mer, ſous pre-texte qu'ils avoient à bord des effets apartenants à leurs Ennemis, & qu'ils les retinſſent juſqu'à ce qu'on leur eût prouvé par des certificats appor-tés d'Angleterre, que ces effets apartenoient en propre à des *Anglois*? & ſi de l'autre côté ces Ennemis en uſoient de même, ſous pretexte, que les Vaiſſeaux *Anglois* portoient des Marchan-diſes apartenantes à des *Turcs* ou à des *Maures*? Que deviendroit leur Commerce dans la *Balti-que* en cas de guerre entre quelques unes des Puiſſances dont les Etats touchent à ces parages? Que deviendroit leur Commerce en *Eſpagne* ou en *Portugal*, en cas de guerre entre ces deux Couronnes, ou celle de la *France* avec l'une ou avec l'autre. Bref : que deviendroit leur Commerce aux *Indes Orientales & Occidentales*, & même en tout autre endroit du Monde, en cas de-guerre entre l'*Eſpagne* & la *Hollande*, ſi

R 5   les

Num. LXXVII. *Le vaiſſeau le* JEUNE JEAN *Capitaine* Dierk Verdoes *allant de* Rotterdam *à* Briſtol *a eté mené à Briſtol & deſchargé, ſans que rien ait eté payé.*

les deux parties belligerantes étoient autorifées
à faifir & à arrêter les Vaiffeaux *Anglois* fous
pretexte qu'ils portoient quelques effets appar-
tenants aux ennemis de l'une ou de l'autre? Car
il eft aifé de trouver quelque fondement à de
femblables foupçons, & fouvent il n'eft pas au
pouvoir du Capitaine, ou du Patron du Vaiffeau, de déclarer fous Serment, à qui appartient réellement chaque parcelle de fa cargaifon, vû que les connoiffements portent fré-
quemment à l'ordre de celui, qui les a remis à
bord, & que par une Correfpondance fecrette
entre les parties, qui envoyent les marchandifes
& qui doivent les recevoir, la chofe peut être
menagée en forte, que les effets paroiffent apartenir à l'une, & paffer à fon rifque, tandis qu'ils
appartiennent effectivement à l'autre.

11. Ainfi la maxime, que *bord libre rend
la marchandife libre*, eft non feulement tout à
fait conforme au droit des gens, mais il fera
de plus toujours de l'intérêt de *l'Angleterre*,
qu'elle

Num. LXXVIII. *Du vaiffeau la* DEMOI-
SELLE ELISABETH & Catherine, *Capitaine*
Jean *van* Schoonenberg, *venant de* Liffabon
à Rotterdam, *en fruits la valeur de* — *fl.* 60.
Num. LXXIX. *Du vaiffeau* ELISABETH
& ANNA *Capitaine* Frederic Gyting *venant de*
Bourdeaux *à* Rotterdam, *une piece de Brande-
vin, valeur* *fl.* 160.

qu'elle foit établie & adoptée par tout, avec l'unique exception des marchandifes de *contrebande*, & de celles qu'on transporte dans des Ports de l'ennemi *bloqués* par des Vaiffeaux de guerre. Et comme les *Anglois* ont effectivement établi cette régle par des Traités formels avec quelques Nations, ils font obligés en juftice, de l'établir avec toutes celles qui veulent s'engager à l'obferver reciproquement : toutes les Nations neutres étant en droit de prétendre à un traitement égal, & à une indulgence égale par rapport à la liberté du Commerce. Auffi en auroient ils furement ufé de la forte durant le cours de la derniere guerre, fi la confideration d'un intérêt étranger ne les avoit induirs à envifager comme fes ennemis fecrets, certaines Puiffances étrangères, qui ne fe proposèrent jamais d'autre but, que de fe défendre contre l'injuftice de ceux, qui fous le nom d'Alliés, ont toujours agi comme s'ils étoient les Maitres.

12. Or

Num. LXXX. *Le vaiffeau* MARIE *Capitaine* Antoine van den Berg *allant de* Bourdeaux *à* Rotterdam *a eté emmené à Falmouth où il eft encore; il y a entre autres marchandifes* 22. *tonneaux de vin de la valeur de* fl. 1800.

Num. LXXXI. *Le vaiffeau* LA DEMOISELLE Gertruid Adriana *bati à Rotterdam apartenant à des bourgeois de cette ville, Capitaine*

12. Or parmi toutes les Nations, qui ont adopté cette régle, on convient que les effets d'un Ami même, quand on les trouve à bord d'un ennemi, deviennent de bonne prise, & apartiennent aux Capteurs, tandis que les Nations qui suivent la maxime contraire, soutiennent que les biens d'un Ami ne sauroient être regardés de bonne prise, quand même on les auroit saisis sur un bord ennemi, mais qu'il faut les rendre au Proprietaire, dès qu'il aura dûment prouvé, qu'ils lui apartiennent. Voyez les annotations sur le passage allegué de Grotius & ce qu'il a dit sur ce sujet Livre III. Chap. 6. Sect. 6.

13. Mais dans la derniere guerre le Gouvernement d'*Angleterre* semble avoir adopté tantôt l'une de ces maximes, tantôt l'autre, selon que cela convénoit le mieux aux intérêts de ses Armateurs.

---

ne Sikke Teekes, *a eté chargé à Cadix suivant les connoissements & certificats, donné au Capitaine pour le Compte Espagnol, étant parti le 2. May 1758. en même tems avec un Capre Anglois, a eté attaqué une heure & demi après par ce même Capre, Capitaine* Smith *qui avoit 26. pieces de Canons, sous les Canons de Cadix & mené à Gibraltar, où il est encore arreté. La charge en est estimé à*   fl. 300000.

     Le vaisseau   fl. 30000.

suivant la signature du Maitre des Comptes.

mateurs. Car quand on trouvoit fur des bords
neutres des effets, qu'on pouvoit foupçonner
tant foit peu d'apartenir à l'ennemi, on ne he-
zita point de les declarer de bonne prife, a
moins qu'on ne prouvât clairement, qu'elles
apartenoient à quelque Ami. Nonobftant cela on declara la même chofe à l'égard de tous
les effets trouvez fur des Vaiffeaux ennemis,
quoi qu'on fe fût offert de prouver, que les
effets en queftion apartenoient réellement à des
Amis, & même à des *Anglois*; pratique, qui
étant adoptée comme établie par le Droit des
gens, donneroit à la vérité des avantages extré-
mes aux Armateurs, & à tous les Vaiffeaux armes qui en agiffent en cette qualité; mais combien de troubles & de vexations cauferoit elle
aux Vaiffeaux marchands de toutes les Nations
en tems de guerre? cela faute tellement aux
yeux, qu'il feroit fuperflû d'y repandre de nouvelles clartés. Il paroit d'ailleurs affez par la
conduite de *l'Angleterre* vis-à vis des autres Nations, combien elle eft éloignée, de leur paffer
la pratique de la maxime en queftion. Car
dans

Num. LXXXII. *Du vaiffeau* PIERRE &
JEAN *Capitaine* Cornelis Wartla *allant de* Bourdeaux *à* Rotterdam, *on prit* 8. *Pieces de Brandevin,
deux autres de vuidés, quelques barils de vin,
un tonneau de prunnes, avec plufieurs d'autres effets en valeur* fl. 1200.

dans les Traités de Commerce qu'elle a conclûs
avec d'autres, elle a généralement grand soin
de stipuler, qu'en quelque tems qu'il s'élevât
des guerres entre la Nation contractante & quelques autres, les *Anglois* jouiront constamment
d'un libre Commerce avec l'ennemi, & pourront par consequent prendre une Cargaison entiere de lui, au cas qu'ils eussent coûtume d'en
user de la sorte en tems de paix: traités, qui,
comme j'ai observé, bien loin d'introduire une
nouveauté, qui derogeât au droit universel des
Nations, ne font que confirmer une régle, qui
en fait partie, & devroit s'observer par-tout
indépendamment des Traités: d'autant que sû-
rement personne n'osera soutenir, que le *meur-
tre*, le *Larcin*, ou d'autres semblables crimes
ne sont pas défendus par le Droit de Nature,
parce que dans toutes les Sociétés, hormis celle des *Pirates*, des *Brigands*, & des *Voleurs*,
les Loix positives & municipales les défendent
& les punissent.

14. II

Num. LXXXIII. *Le vaisseau appellé la* VIL-
LE DE ROTTERDAM *Capitaine* Warner Pieter*sen chargé de diverses marchandises & entre
autres, du bagage de Mr. le Marquis de Pignatel-
li Ambassadeur nommé de la Cour d'Espagne pour
celle de Danemarc, ayant à bord quelques dome-
stiques du dit Ambassadeur, fut attaqué le* 30.
May

14. Il refulte donc de tout ceci, que non obftant tout ce, qui peut avoir été pratiqué au contraire parmi cèrtaines Nations, & dans des fiecles où l'utilité générale de la liberté du Commerce n'a pas été bien entendue, c'eft conftamment une maxime du Droit des gens, que *le Vaiffeau libre rend la marchandife libre, & que tous les effets trouvés fur un Vaiffeau ennemi font de bonne prife*: d'autant que cette régle termine toutes les Conteftations, concernant les cargaifons, & laiffe à chaque Nation neutre la jouiffance d'un Commerce libre à l'égard de tous les effets, qui ne font pas de *contrebande*, & de tous les Ports qui ne font pas *bloqués* par des Vaiffeaux de guerre, auffi long-tems qu'elle ne pourfuit que fón *propre Commerce*, fans s'engager à ce qu'on peut appeller avec raifon, *faire le Commerce des ennemis pour eux*. Car alors elle n'agiroit plus comme une Puiffance neu-

---

May 1758., & peu de tems apres par un deuxieme Capre Anglois, dont une partie de l'equipage, 24. perfonnes environ, armés de piftolets & d'épées ouvrirent par force les ponts, & étant entrées rompirent plufieurs Caiffes & Coffres du dit Ambaffadeur; ils volerent beaucoup, endommagerent & gaterent une partie, comme auffi de la charge; enfin ils maltraiterent auffi les Paffagers & les volerent, comme les paffagers & l'équipage du vaiffeau l'ont affirmé par ferment:

neutre, mais comme alliée & auxiliaire de
l'ennemi; & si sur un avertissement convenable
elle ne s'abstenoit point d'une pareille man-
nœuvre, elle meriteroit d'être traitée en ennemie.

Num. LXXXIV. *Du vaisseau les* CINQ
FRERES *Capitaine* Hans Johannes, *allant de
Rouen à Rotterdam, on a pris plusieurs Marchan-
dises, de la valeur de* . . . . fl. 588.

(XVIII.)

MEMOIRES

POUR SERVIR 'A

L' HISTOIRE

DE NOTRE TEMS,

PAR-RAPPORT AUX DISSENTIONS PRE-
SENTES ENTRE LA GR. BRET. ET
LA REP. DES PROVINCES
UNIES.

(XVIII.)

SUITE DES REMARQUES IMPARTIALES
SUR LE DROIT DES NATIONS NEUTRES
DE NAVIGER LIBREMENT, CONFORME-
MENT AUX TRAITE'S, ET DE SE
FAIRE REMBOURSER TANT SUR
LE ROI QUE SUR LA NATION
BRITANNIQUE, DES TORTS
ET DES DOMMAGES
SOUFFERTS.

Comme il peut s'élever des disputes
tant sur quelqu'article, que sur
ce qui est censé de *contrebande*, ou
non, & que ci devant la régle en question n'a
pas été trop bien observée, non plus que la

S plû-

plûpart des autres, il eſt ſelon *Grotius*, du devoir de chaque Nation, qui entre en guerre,
d'envoyer des notifications à toutes les Puiſſances neutres pour s'expliquer avec elles, de quelle façon elles auront à ſe conduire durant le cours
de cette guerre : & cela doit s'obſerver plus
particulierement envers celles, avec leſquelles
il n'y a point de Traité exprès.

16. Le *Gouvernement Britannique* paroit
avoir négligé d'envoyer ces ſortes de notifications
aux Puiſlances neutres, tant au commencement,
que dans le cours de la derniere guerre. Mais
malgré cette négligence, le Rói de *Pruſſe*, eût
ſoin d'y ſuppléer, & de demander une pareille
explication. Il en reçût une du Miniſtère *Britannique*, d'abord verbale, & puis par écrit: ce
qui me conduit à examiner la Déclaration faite
par

Num. LXXXV. *Du vaiſſeau* MARGARE-
THA *&* MARIA *venant de* Rouen *deſtiné pour*
Rotterdam, *pluſieurs Marchandiſes de la valeur*
de fl. 350.

Num. LXXXVI. *Une certaine barque appel-*
lé ISABELLE *Capitaine* Gerrit Reinders *deſtinée*
de Martinique *pour* St. Euſtache *a eté priſe &*
mené à Boſton *en la Nouvelle Angleterre. Il s'y*
trouvoit 20. *tonneaux de Sucre, &* 5. *bal-*
les de Cotton, pour le Compte de Marchands de-
meurant à Rotterdam; de la valeur au moins
de fl. 6000.

par le Lord *Carteret* & la lettre écrite par le Comte de *Chefterfield*, que je fuppofe couchée dans les mêmes termes qu'elle eft énoncée dans le rapport attaché à la Lettre du Duc de *New-caftle*.

17. On convient que la Declaration verbale du Lord *Carteret* porte en termes exprès , *que rien de ce qui fe trouveroit à bord des Vaiffeaux neutres, ne feroit faifi, a moins qu'il ne fût de contrebande.* N'étoit ce pas dire avec autant de précifion que des termes en puiffent porter, qu'on obferveroit la maxime, *qu'un Vaiffeau libre rend la marchandife libre, à tous egards hormis la contrebande?* Et le Lord *Carteret* ayant ajouté, que les Navires *Pruffiens* feroient traités fur le même pied, que ceux des autres *Puiffances neutres*, il n'a pû entendre par là, que les *Puiffances neutres*, avec lefquelles la maxime fufdite a été établie. Autrement la derniere partie de fa declaration contrediroit directement la premiere.

S 2   18. Ce-

Num. LXXXVII. *Le vaiffeau* HESTER & JACOBA *Capitaine* Ary Sloff , *deftiné de Rotterdam aux Indes Occidentales a eté trainé le 7. Mars.* 1758. *par deux Capres Anglois d'un Port Efpagnol appelle Montechrift, & mené dans le Golfe Lucia, non obftant que le vaiffeau étoit pourvu des preuves & connoiffements neceffaires, d'appartenir avec toute la charge à des Hollandois; la valeur du vaiffeau & carguaifon eft de* fl. 48450.

18. Cependant comme des declarations verbales sont sujettes à être mal interpretées, nous allons examiner celle que le Comte de *Chesterfield* a faite par écrit. En voici les propres termes, en anglois & en françois.

„ *His Prussian Majesty can not be ignorant,*
„ *that there are treaties of commerce actually*
„ *subsisting between* Great Britain *and certain*
„ *neutral States, and that by means of the en-*
„ *gagements formally contracted on each side by*
„ *those treaties, every thing relating to the man-*
„ *ner of reciprocally carrying on their commerce,*
„ *has been finally settled and regulated. At the*
„ *same time, it does not appear that any such trea-*
„ *ty exists at present, or ever did exist, between*
„ *his Majesty and the King of* Prussia: *Never-*
„ *theless, that has never hindered the* Prussian *sub-*
„ *jects being favoured by* England, *with respect*
„ *to their navigation, as much as other neutral*
„ *nations: and his majesty does not suppose,*
„ *that the king your master means to require di-*
„ *stin-*

Num. LXXXVIII. *Le vaisseau* LA LIBERTE' *Capitaine* Antoine Feteris, *a eté pris en son voyage par un Capre Anglois appellé* THE ROPAL HESTER, *Capitaine* Jaques Roome, *& mené à* Neuw Jork. *Ce vaisseau étoit pourvû d'une Déclaration affirmée par serment, que vaisseau & carguaison appartenoit à des Citoyens de* Rotterdam. *Sa valeur est réellement de* fl. 316000.

„ *ſtinctions from his majeſty, much leſs any pre-*
„ *ferences, in favour of his ſubjects in this*
„ *point.* "

„ Sa Majeſté *Pruſſienne* ne peut ignorer qu'il
„ y a des Traités de Commerce qui ſubſiſtent
„ actuellement entre la *Grande Bretagne* & cer-
„ tains Etats neutres *, & que moyenant les
„ engagements formellement contractés de part
„ & d'autre par ces Traités, tout ce qui regar-
„ de la maniere de pourſuivre reciproquement
„ leur Commerce a été finalement determiné &
„ réglé.   En même tems il ne paroît point,
„ qu'un pareil Traité exiſte préſentement, ou eût
„ jamais exiſté entre Sa Majeſté & le Roi de
„ *Pruſſe.* Nonobſtant, cela n'empêcha jamais
„ que les ſujets *Pruſſiens* ne fuſſent favoriſés
„ par *l'Angleterre* à l'égard de leur Navigation
„ autant que d'autres Nations neutres; & S2

S 3   „ Ma-

* Voy. ces TRAITE'S DE NAVIGATION ET
DE COMMERCE dans les feuilles precedentes.

Num. LXXXIX. *Le vaiſſeau* JEAN, *Capitai-*
ne Jean Camby, *deſtiné de* St. Euſtache *à Mar-*
tinique, a eté enlevé par les Anglois & mené à
Montferrat, *où la moitié du vaiſſeau & de la Car-*
guaiſon fut confiſqué, valant   fl. 30000.
Num. XC. *Du vaiſſeau* JOHANNA MA-
RIA *Capitaine* Ary Pieters, *venant de* Rotterdam *deſtiné pour* Rouen: *une balle de Balene eſti-*
mé à   fl. 390.

„ Majesté ne présume point, que le Roi vôtre
„ Maitre entende demander à Sa Majesté des di-
„ stinctions, & beaucoup moins des preferen-
„ ces, en faveur de les sujets sur ce point. „

Or le terme: *Nonobstant*: n'implique t-il pas
que la suivante expression de *Nations neutres*,
doit s'entendre des Nations, avec lesquelles
Sa Majesté a des Traités de Commerce, moyenant lesquels l'exercice du Commerce en tems
de guerre est determiné? Combien n'auroit-il
pas été ridicule de dire : „ Nonobstant, cela
„ n'a point empêché, que les sujets *Prussiens*
„ ne fussent favorisés par *l'Angleterre* à l'égard
„ de leur Navigation autant que d'autres Na-
„ tions neutres, *avec lesquels il n'existe point*
„ *de pareils Traités ?* „ Ne saute-t-il pas aux
yeux

Num. XCI. *Du vaisseau* ELISABETH
MARGARETHA *Capitaine* Cornelis Jeste
Tromp *venant de* Charente *destiné pour* Rotterdam
3. *pièces de Brandevin estimés*   *fl.* 300.

Num. XCII. *Du vaisseau le* JEUNE JEAN
Capitaine Jean de Jaiger de Rotterdam *pour*
Bourdeaux, 2. *Caisses de lin,* 0. *Paquets de balene,*
& 35. *poids de noix de Muscat valant* *fl.* 420.

Num. XCIII *Du vaisseau la* JEUNE AN-
NE *Capitaine* Jaques de Baas, *venant de Bourdeaux destiné pour* Middelbourg, *un baril de vin*
à   *fl.* 50.

yeux d'un chacun, que le terme de *nonobstant* auroit été ici tout à fait déplacé, & même ridicule ?

19. Il s'enfuit donc incontestablement de ces declarations, que les nations neutres font en droit de demander, qu'on observe à leur égard le principe, *qu'un Vaisseau libre rend la marchandise libre, & que tous les effets trouvés sur le bord d'un ennemi sont de bonne prise.* Et il est évident qu'elles ont regardé ce principe comme adopté & reconnû par l'une & l'autre Nation. Car elles se font soigneusement abstenues de charger leurs effets à bord des Vaisseaux *François* ; ou s'ils l'on fait, ils ne les ont jamais reclamés, quand ces Navires font tombés entre les mains des *Anglois*.

S 4   20. Mais

Num. XCIV. *Du vaisseau le* JEUNE CAPITAINE HEK, *Capitaine* Jean *de* Haas *venant de* Bourdeaux *destiné pour* Rotterdam, 3. *Caisses de prunes.*   *fl.* 30.

Num XCV. *Du vaisseau* LE FILS VOYAGEUR, *Capitaine* Hœyte Hendriks , *venant de* Rotterdam *destiné pour* Rouen, 2. *balles de Poivre, valant.*   *fl.* 500.

Num. XCVI. *Le vaisseau* LES DEUX SOEURS *Capitaine* Imke Dros *allant de* Charente *à* Havre de Grace, *a été arreté durant plusieurs Mois en Angleterre, par où il a été causé aux proprietaires un domage de*   *fl.* 100.

20. Mais on objecte premierement, que ni les Armateurs *Anglois*, ni les Cours de l'Amirauté *Britannique*, n'ont pû prendre connoissance des Declarations susdites. Supposé que cela soit, ce qui paroît toutesfois douteux, le Ministère *Britannique* auroit dû en avertir le Ministre de *Prusse*: auquel cas Sa Majesté *Prussienne* n'auroit certainement pas manqué d'insister sur la conclusion d'un Traité formel de Commerce, que les *Anglois* n'auroient point refusé non plus, *dans ce tems là*, malgré la jalousie qui subsista dèslors entre le Roi de *Prusse* & un Electeur voisin. Si l'on objecte encore, 2do que l'obligation n'étoit pas reciproque, d'autant que supposé que les *Prussiens* fussent engagés dans une guerre, ils n'auroient pas été tenus de se conduire par le même principe à l'égard du Commerce des *Anglois*; Je reponds que le principe en question, étant la véritable régle établie par le Droit des gens pour l'avantage du Commerce,

---

Num. XCVII. *Et par la retention du vaisseau* MARIA THERESIA, *Capitaine* Hendrik Pieterse *un dommage de* fl. 1000.

Num. XCVIII. *Du vaisseau de* Cornelis Janse Tromp *venant de* Charente *destiné pour* Rotterdam *trois demi pièces de Brandevin, valant* fl. 256.

Num. XCIX. *Du vaisseau de* Hermann Teunisse *venant de* Charente *a* Rotterdam *une demi pièce de Brandevin, & d'une pièce entière &c. estimé ensemble* fl. 146.

merce, les *Pruffiens* ne font pas moins obligés
de s'y conformer. S'ils ne s'y font pas encore
engagés par un pacte formel, la faute en eft au
Miniftère *Anglois*, puifqu'il ne dependoit que
de lui, d'infifter fur une Contredeclaration de la
part de la *Pruffe*, ou de reduire cet objet en
forme d'un Traité, & de le faire ratifier de part
& d'autre.

21. Il eft donc évident, que les Nations
neutres font en droit de demander fatisfaction
& reparation pour chaque Navire qu'on leur a
detenû fous prétexte d'avoir à bord des effets
appartenans à des *François* ou d'aller à des ports
ennemis ou d'en venir, & pour chaque parcelle
des effets, qui leur ont apartenû en propre, &
qu'on ne leur a pas rendus. Qui plus eft, elles font en droit de demander la même fatisfaction pour chaque obole d'effets apartenans effectivement à des *François*, & qu'ils ont eû fur
le bord, & ne pas fe contenter *uniquement d'u-*
ne

Num. C. *Du vaiffeau de* Roeland Jacobfe
venant de Rochelle *à* Rotterdam, 2. *demi pièces*
de Brandevin, valant *fl.* 180.

Num. CI. *Du vaiffeau de* Jeroen Roos *venant*
de Cette *à* Rotterdam, 19. *Caiffes de Savon, va-*
lant *fl.* 650.

Num. CII. *Du vaiffeau de* Corneliffe de *Koe*,
venant de Bourdeaux *pour* Rotterdam, 10. *piè-*
ces de bon vin de Bourdeaux, *fl.* 1550.

S 5

ne indemnisation pour la detension des Navires, & même pour les marchandises de Contrebande, confisquées, le frêt doit être bonifié, même en consequence du Principe allegué par les *Anglois*, comme étant du Droit des gens. *Voyez Grotius L. 3. chap. I. Sect. 5. n. 4. dans les remarques.*

22. Quant aux effets appartenans en propre aux nations neutres, saisis sur d'autres Vaisseaux neutres & confisqués par les *Anglois*, j'observerai d'abord, que selon la maxime, que j'ai montré ci-dessus être le véritable principe du droit des gens, non seulement les effets apartenans à ces proprietaires Neutres, mais encore ceux des *François* même n'auroient pû être saisis ni confisqués sur de pareils Navires, & la grande interruption que les Armateurs *Anglois* ont donnée au Commerce de toutes les Nations neutres, durant le Cours de la derniere & de la pre-

---

Num. CIII. *Du vaisseau de L. S. Visser, venant de* Charente *à Rotterdam, une demi piece de Brandevin.* fl. 90.

Num. CIV. *Du vaisseau de* Matheus Uyting *allant de Rotterdam à Bourdeaux, un Coffre de lin mondé, valant* fl. 120.

Num. CV. *Le vaisseau* L'EUROPE *Capitaine* Pieter Arends *destiné aux Indes Occidentales, a été enlevé & mené à Montserrat, où on a confisqué la charge, de la valeur, avec le vaisseau, de* fl. 70000.

présente guerre, ne fait que confirmer cette
maxime. J'obferverai enfuite que lors qu'il
ne paroît pas clairement par les papiers d'un Navire, à qui la cargaifon apartient, la préfomtion
porte fûrement en faveur du Propriétaire du
Vaiffeau, ainfi que les effets, qui fe trouvent
dans une maifon, font toujours préfumés apartenir à celui qui la tient. De forte que quand
même on admettroit, que les effets d'un Ennemi-
mi peuvent être faifis à bord d'un Vaiffeau neutre, un tel Vaiffeau ne pourroit pourtant pas
être détenu, à-moins qu'il ne parût par les papiers du Navire, ou par la Confeffion volontaire du Capitaine, ou du Supercargo, que la cargaifon

Num. CVI. *Le vaiffeau* SCHIELAND *Capitaine* Johannes Eelers *deftiné aux Indes Occidentales, a été mené à Jamaica. Vaiffeau & carguaifon font eftimés à* fl. 42000.
Num. CVII. *Le vaiffeau le* JEUNE JEAN
Capitaine Jean Stegman, *a été pris, en fon voyage de* Marfeille *à* Havre de Grace *& mené à*
Gibraltar: *vaiffeau & carguaifon enfemble font
eftimés à* fl. 45000.
Num. CVIII *Du vaiffeau de Douwe* Hendriks de Wit *en fon voyage à* Dublin, *une partie d'éguilles, valant* fl. 60.
Num. CIX. *Du vaiffeau de* Dirk Verdoes *allant de* Rotterdam *à* Douglafs *dans l'Isle de Mann,
7. Boettes de Thée verd, & 90. pains de Sucre,
eftimés à* fl. 1281.

gaison apartient à l'ennemi en tout ou en partie
Mais les *Anglois* semblent avoir posé en maxime,
je ne conçois pas en vertu de quelle Loi, que
„ toutes les fois qu'il ne paroît point par les pa-
„ piers du Vaisseau neutre, à qui apartient la car-
„ gaison, la presomption porte qu'elle apartient
„ à l'ennemi, & doit être confisquée, à moins
„ qu'on ne prouve le contraire:" maxime que certainement aucune Puissance étrangere ne sauroit
admettre, tant à cause de la grande interruption
qui en resulte dans le Commerce, que par ce
qu'elle donneroit lieu à quantité de parjures:
crime que tous les Gouverneurs des Societés doivent tâcher de prevenir, en tant que leur devoir est de conserver la pureté des mœurs parmi
les peuples commis à leurs soins: & c'est à cause
de cela, qu'on a établi en maxime, *que tous les*
effets trouvés sur le bord d'un Navire ennemi
sont de bonne prise.

23. Quant

Num. CX. *Du vaisseau de* Eyske Sietjes Visser, *venant de Charente à Rotterdam,* 2. *pièces de*
Brandevin *valant*   fl. 180.

Num. CXI. *Du vaisseau de* André Cornelis
de Rotterdam allant à Dublin, un tonneau de
Garance, *valant.*   fl. 190.

Num. CXII. *Du vaisseau de* Jean Wolfers
allant de Rotterdam *à Douglas dans l'Isle de Mann,*
une demi Caisse & 8. quarts de Thée verd, va-
lant   fl. 1134.

23. Quant au droit de determiner si le Vaisseau & la cargaison sont de bonne prise ou non? il est certain, que les Proprietaires ne sont pas absolument obligés de s'addresser aux Cours d'Amirauté du Prince, à qui le Capteur apartient. Ils peuvent également en porter les plaintes à leur propre Souverain, lequel peut par son Ministre en demander reparation par une voye sommaire: & cela se fait très souvent, lorsque l'injure est trop criante, ou que dans de pareils cas les Cours d'amirauté ont réfusé justice. Il est vrai que dans les cas ordinaires les Proprietaires portent communement leurs plaintes & prétensions devant les Cours d'Amirauté du Souverain de qui dépend le Capteur; mais quand ils le font, cela ne les met nullement dans l'obligation d'acquiescer au jugement des dites Cours. Bien au contraire, si celles-ci leur refusent justice, ou qu'elles traînent sans raison les affaires en longueur, il leur est permis de s'en plaindre à leur Souverain, & à celui-ci de faire éxaminer la chose, &, trouvant la plainte bien fondée, il est en droit de demander reparation & d'y insister. Tout homme qui a la moindre connoissance du droit & de la pratique des Nations, ne
sau-

Num. CXIII. *Du vaisseau la* JEUNE DE-MOISELLE JOHANNA *Capitaine* Thomas Lier *venant de Charente à* Rotterdam, 9. *pièces de Brandevin estimé* fl. 280.

fauroit difconvenir de ces maximes. Ainfi dès
le moment, qu'il fe trouva que les Cours d'A-
mirauté en *Angleterre* pofoient leur principe,
que tous les effets *allant ou venant fur des Vaiffeaux neutres de ports France quelconque feroient
déclarés de bonne prife*, à moins qu'on ne fit
paroître par les papiers des Vaiffeaux, ou par des
certificats, que les effets en queftion apparte-
noient à des Amis & étoient à leur rifque, dèslors
les Navigateurs neutres, toutes les fois que le Capitaine du Vaiffeau, ou celui qui avoit envoyé
la marchandife à bord, avoient commis quelque
bévuë ou négligence de cette nature, ne pûrent
plus s'attendre à aucun redreffement, fi ce n'eft
de s'en plaindre à leur Souverain: d'autant plus
qu'en fourniffant de pareils Certificats, ils auroient reconnus en quelque façon *le principe a-
vancé par les Cours d'Amirauté en Angleterre
contre le droit des gens, & les Declarations ex-
preffes des Miniftres Anglois.*

24. Comme pendant la derniere & la prefente guerre les *Anglois* ont montré une grande
fu-

<hr />

Num. CXIV. *Du vaiffeau le* HILLSBOURG,
Capitaine Jean Sutherland *venant de* Leverpool
à Rotterdam, *une balle de Piment, valant* fl.46.
Num. CXV. *Du vaiffeau* MARGARETHA
MARIA *Capitaine* Sipko Ritsema *venant de*
Rouen à Rotterdam, 4. *balles de Manufactures
de* Rouen. fl. 989.

superiorité sur mer, ils pouvoient soutenir peut-
être, d'avoir bloqué entiérement par mer les
ports dans les 4. parties du monde ennemis, &
d'être par consequent en droit d'empêcher qu'aucune Nation neutre n'y portât par mer quoi que
ce fût, qui pût contribuer à les mettre en état
de soutenir & de prolonger la guerre. Mais en
ce cas les *Anglois* auroient dû en avertir conve-
nablement toutes les Nations neutres, & refor-
mer on annuller tous les Traités avant de les
enfraindre, au grand Scandale de toute l'Europe, qui est excitée par là à sevanger à forces réu-
nies d'une Puissance qui se croit assez forte pour
faire le tiran par-tout impunement.

25. Ayant établi ainsi la justice de la préten-
sion des Puissances neutres, j'observerai pour
conclusion, que dans touts les cas entre des
Etâts indépendants l'un de l'autre, le Souverain
d'une Nation & ses sujets sont censés être *una &*
eadem persona, *une même personne*: par consequent ce qui est dû par le Souverain, ou au
Gouvernement d'une Nation, l'est aussi par, ou
aux sujets de la Nation; & par contre ce qui
est dû par, ou aux sujets d'une Nation, l'est aussi
par, ou à son Souverain, ou à son Gouvernement. Cela est fondé sur les principes de l'E-
quité,

Num. CXVI. *Du vaisseau le* JEUNE JEAN
Capitaine Dirk Verdoes *destiné de* Rotterdam *à*
Bourdeaux *deux balles de balene valant.* fl. 952.

quité, aussi bien que sur le droit des gens. En effet je ne crois pas qu'il y ait homme de bon sens, qui ose le contester. Ainsi tout ce que les Armateurs & les sujets *d'Angleterre* doivent à ceux des Nations neutres *à raison des saisies injustes*, le Roi *d'Angleterre* le doit; & les Nations lezées sont en droit de prendre leur payement par-tout où ils le pourront, soit sur la Nation Britannique, soit sur son Roi.

Num. CXVII. *Le vaisseau le* JEUNE ABRAHAM *Capitaine* Eeltje Hosker *venant de* Rotterdam *destiné pour* Bourdeaux, *chargé de Manufactures a eté pris le* 14. *Mars* 1758. *proche Bourdeaux par un Capre Anglois & mené à* Guernesey *le* 23. *dito, où ce vaisseau & Carguaison est retenu deja* 4. *Mois, sans qu'on sache jusqu'apresent quand la cause sera decise par le juge: Quand même il seroit relaché, le dommage en fraix & interêts monte au moins à* 5000. *fl. il est estimé à* fl. 28000.

NB. Sans aller plus loin que les sommes de cette seule Liste, les Anglois ont fait Rapine sur les Vaisseaux Hollandois,

1. Sur les côtes d'Europe, pour fl. 506287.
2. Dans les Mers d'Amerique en general pour fl. 1040450.
3. Des Colonies Hollandoises St. Eustache & Suriname. fl. 280974.

Pour cette Liste seule la Somme est fl. 1827711.

(XIX.)

MEMOIRES
POUR SERVIR 'A
L'HISTOIRE
DE NOTRE TEMS,

PAR-RAPPORT AUX DISSENTIONS PRE-SENTES ENTRE LA GR. BRET. ET LA REP. DES PROVINCES UNIES.

(XIX.)

SUPPLEMENT AU DISCOURS SUR LA LIBERTE' DU COMMERCE ET DE LA NAVIGATION.

Uelque tems après que la Defense du Commerce & de la Navigation libre avoit paru, il nous est tombé entre les mains, *Un discours sur la Conduite du Gouvernement de la Grande-Bretagne envers les Nations neutres, durant la Guerre presente.* Il est écrit en anglois, & on avertit dans la gazette de la Haye du 1. Janvier 1759. qu'il étoit deja imprimé en françois, qu'il seroit traduit au plus tôt en Hollandois, & se trouveroit chez P. de Hondt à la Haye. Il y est discuté uniquement, si des Nations neutres osent transporter des Mar-

T   chan-

chandifes d'ennemis en tems de guerre; & particulierement , fi les habitans de cette République, ofent transporter des Marchandifes Françoifes, dans la préfente guerre entre la France &
la Grande-Bretagne. L'Ecrivain tache de démontrer de p. 1. jufqu'à p. 30. que felon le
Droit de la Nature & des Gens il n'etoit pas
permis, ce que nous lui pouvons aifement accorder. Mais après avoir reconnu page 31. &c.
que dans plufieurs Traités entre la Grande Bretagne & cet Etat, & particulierement par le
VIII. Article du Traité de Marine de 1674.
il a été declaré comme permis, il n'a pas honte
de foutenir que ce Traité avec tous les autres,
où cette liberté eft accordée, n'avoient plus de
vigueur. Il paroit donc, qu'enfin les Anglois
changent entierement de batterie. Ils veulent
renverfer tout le Traité de 1674., parcequ'ils
ne peuvent faire gouter au monde impartial
équitable, l'explication perverfe qu'ils en font.
Mais pofé, que la Cour d'Angleterre en vint
enfin à une declaration, que le Traité de 1674.
feroit regardé comme annullé, il s'enfuivroit
d'une pareille déclaration, en premier lieu :
qu'il faudroit reparer tout le domage qu'on nous
a fait contre la teneur de ce Traité, avant cette
déclaration, & qu'on ne fauroit rien exiger ni
attendre de nous, que de nous être comportés
fuivant ce Traité, que la Cour d'Angleterre n'a
pas encore declaré nul. En deuxieme lieu,
que

que par l'abolition de ce Traité, qui parle pour nous dans ces circonstances, foyent en même tems abolis tous les autres Traités & alliances, où il y a plufieurs Articles à l'avantage de l'Angleterre. Car les Anglois ne fauroient raifonnablement attendre de nous, que nous accompliffions les Traités qui parlent en leur faveur, pendant qu'ils déclarent annullés ceux qui parlent pour nous. Nôtre Etat ne pourra donc point être obligé, d'aider à fupprimer une Rebellion qui pourroit s'élever en Angleterre, ni d'y maintenir la Succeffion proteftante. Confequence qui effrayeroit tout bon Anglois. Le Miniftère d'Angleterre fera donc, nous l'efperons, Reflexion à ces fuites, avant que le Roi fe refolve à une pareille déclaration.

Mais par quelle raifon le Traité de 1674. pourroit'il être regardé comme annullé? „Nô„ tre Etat, dit l'Ecrivain pag. 49. &c. eft ob„ ligé fuivant plufieurs Traités, d'affifter la „ Grande-Bretagne, en cas *qu'elle foit attaquée* „ *en Europe*. Minorque une des Poffeffions „ des Anglois en Europe a été attaquée par les „ François, fans que nôtre Etat ait affifté la „ Grande-Bretagne. Nôtre Etat donc n'a pas „ accompli les dites alliances defenfives, & par „ confequent delivré l'Angleterre de l'obliga„ tion du Traité de 1674.

Nous fommes fort étonnés que les Anglois réchauffent un Raifonnement refuté deja en plein,

T 2

en

en des Ecrits publics *.   Ignorent-ils donc,
qu'on ne convient pas ici, que la Grande-Bretagne ſoit attaquée en Europe ? Ne ſavent ils
pas, que nous ne régardons pas l'irruption en
Minorque comme une attaque, mais comme
une defenſe ? N'eſt elle pas une ſuite des atta-
ques & des Priſes des vaiſſeaux de guerre & de
Marchands François par les Anglois ? Notre
Ecrivain dit bien, pag. 55. pour ce qui eſt aux
Priſes de vaiſſeaux, il faut qu'elles ſoyent conſide-
rées, comme relatives à la guerre d'Amerique:
Mais par la même Raiſon, nous pourrons dire:
pour ce qui eſt de l'invaſion de Minorque, il
faut qu'elle ſoit régardée comme relative à la
Guerre d'Amerique.   Et par conſequent ni l'un
ni l'autre ne nous touche pas, ſuivant le Rai-
ſonnement même de nôtre Ecrivain.   Mais ſelon nous, il en eſt tout autrement.   Nôtre
Etat a guaranti les Poſſeſſions de l'Angleterre en
Europe.   Notre Etat eſt obligé à donner du
ſecours à l'Angleterre, quand ſes Poſſeſſions
ſont attaquées ou même ménacé d'une invaſion,
avant même que l'Angleterre ait commencé les
inimitiés; eſt c'eſt tout de même, que l'invaſion ou la ménace ſoit la ſuite d'une guerre en
Europe ou hors d'Elle.   Si Minorque avoir été
at

* Voyez entre autres les Lettres d'un Marchand
de R. à un de ſes amis à A. qu'on trouve encore chez
Editeur de nôtre Libre Navigation & Commerce
defendus.

attaqué, avant que la Grande-Bretagne eut pris tant de vaisseaux en Europe sur les François, nôtre Etat auroit été obligé de secourir l'Angleterre. Au moins c'est là le caractère distingué des Alliances défensives (& l'Ecrivain lui même n'en connoit pas d'autres page 49. entre la Grande Bretagne & cet Etat) qu'elles n'obligent pas au secours, si l'allié qui demande le secours, a attaqué lui même, sans attendre jusqu'à ce qu'il fût attaqué. Or c'est là le cas où se trouve à present l'Angleterre. Elle a attaqué en Europe. C'est elle qui a déclaré la prémière la guerre, & nôtre Etat n'a refusé le secours demandé, que parceque le cas n'existoit pas, dans lequel des alliances purement defensives l'obligent au secours. Ajoutons encore à cela, que la Gr. Bret. n'a demandé qu'une seule fois le secours de l'Etat; & comme il ne lui fut pas accordé dès le prémier coup, Elle se desista d'en demander; d'où il paroit assez clairement, que la Cour d'Angleterre reconnoissoit elle même, que nôtre Etat n'est pas obligé à donner secours. Ainsi ce Mr. l'Ecrivain Anglois a tort de dire, que nôtre Etat n'avoit pas accompli les Traités; & la Conclusion est fausse, qu'il en veut former; que le Traité de 1674. devoit être regardé comme annullé.

Je ne sai s'il est besoin de dire un mot des Insinuations que fait, nôtre Ecrivain pag. 72. que nos Marchands se defient de leur

pro-

propre Cauſe, parcequ'ils ne jugeoient pas à-propos de la pourſuivre en appellant à une Cour
de juſtice ſuperieure, des Sentences prononcées
par des juges inferieurs; nous l'aurions paſſé
ſous ſilence, ſi cette même inſinuation n'avoit
pas été faite il n'y a pas longtems, à la Haye
par l'Envoyé York. Nous repondons à cela,
qu'il y a pluſieurs bonnes raiſons pourquoi nous
n'avons pas pourſuivi ces appels juſqu'ici. 1.)
Il nous a été diſſuadé par nos amis en Angleterre & ailleurs. 2.) On nous a long-tems amu-
ſé par l'eſperance que le Roi feroit relâcher nos
vaiſſeaux, ſans que nous ayons beſoin de faire
la depenſe des appels. 3.) Nous avons cru,
que c'etoit à nos Souverains de procurer le re-
lachement de quelques vaiſſeaux, de celui au
moins de Louis Ferret qui a été pris dans l'em-
bouchure de nos Rivieres. 4.) Nous avons ap-
prehendé avec raiſon, réfléchiſſant ſur les ſentimens connus du Miniſtère d'Angleterre & du
gros de la Nation, que nous ne trouverions pas
plus de juſtice devant les Cours ſuperieures de
juſtice, que l'on nous en rendu dans les infe-
rieures. 5.) Et enfin, nous avons craint les
grandes depenſes qu'il faut pour pourſuivre les
Appells, qui ſont ſi exceſſives, que dans la
guerre précédente nous avons recouvré des
vaiſſeaux par le moyen des Appells, avec une
perte beaucoup plus grande, qu'elle n'auroit
été, ſi nous avions acquieſcé à la première ſen-
tence

tence de Confiscation, fans appeller. Quiconque juge avec impartialité avouera que nous
avons de bonnes raifons, de ne pas pourfuivre les
Appells, et que fi nous ne les pourfuivons
pas, ce n'eft pas parceque nous nous méfions
de la juftice de nôtre Caufe.

MEMOIRE ANTIDOTAL
TOUCHANT LES PRISES QUE LES VAISSEAUX DE GUERRE ET LES CA-PRES ANGLOIS ONT FAITS SUR LES VAISSEAUX DES HABITANS DE CET ETAT ALLANTS AUX IN-DES OCCIDENTALES OU EN REVENANTS.

*En forme de Lettre à Meſſieurs les Marchands
de la Hollande.*

MESSIEURS!

C'Eft avec raifon qu'on vous regarde comme la partie la plus confiderable de la République, qui comme le reffort d'une machine,
donne le mouvement & la vie à l'Etat dans
toutes fes differentes parties. Qui des habitans ne fe fent pas touché de trifteffe, en en-
tendant que *le Négoce va mal.* Si le négoce
va mal, tous les autres états. qui en ont leur
fubfiftance, s'en fontent néceffairement. Perfonne des habitans ne fauroit donc écouter avec

indifference les plaintes, qu'on entend tous les
jours contre les Anglois ; On se sent naturellement porté à les bien approfondir. Je mene une
vie solitaire, passant la plus grande partie de
mon tems à lire, & je n'ai pas pû m'empêcher d'y faire réflection , & de me demander
à moi même plus d'une fois: *Quelle seroit bien
la Cause de toutes ces plaintes ? Par quel moyen
les pourroit - en prévenir ?* Après avoir lû entre
autre le *Mémoire* imprimé chez le Libraire *Tirion à Amsterdam*, je ne puis que lui
appliquer ce que dit quelque part *Pline* le jeune : savoir, que souvent on gate plus une cause en la voulant défendre. Je ne trouvai proprement rien d'essentiel dans ce Mémoire, si
ce n'est le beau Stile; encore moins, rien qui
put me convaincre de l'illegitimité de la Conduite des Anglois : au contraire, au lieu de trouver refuté les sens que donnent les Anglois à
une expression dans le Traité , & que je ne
crois pas satisfaisante non plus, je n'y trouvai
qu'un autre sens qu'on donne à ces paroles ,
sans rien demontrer de contraire à la nature du
Traité, & nullement à concilier avec son principal but. Comprenant que cela pourroit être
préjudiciable à nôtre cause si entre deux
explications, l'une se trouve fausse ou soit
douteuse, j'ai craint que cela n'arrive
dans ce different entre les Anglois & nous,
considéré que leur explication étant si peu ré-
futée,

futée, & que la frivolité de l'autre explication
étant toute vifible, ils en prendroient un argument
pour appuyer la leur. J'ai donc jugé à propos
d'employer quelques heures, pour donner, autant qu'il eft en moi, quelque lumière à
cette affaire.

§. 11. On entend dire généralement & répe-
ter par toutes les heures du jour, que les Anglois nous caufent grand domage, qu'ils nous
maltraitent contre droit & raifon, & contre la
foi des Traités. Les gazettes font remplies
des dépredations, des prifes de vaiffeaux, des
cruautés exercées fur les Mariniers & de mille
infolences, qui affeurement vont fort loin ; quand
j'entendois ces plaintes au commencement, je ne
doutois pas, qu'elles ne fuffent fondées, plus
d'une fois j'entrois en colere. Le fang s'echauf-
fe aifement quand on croit avoir part au tort,
& je ferois peut-être demeuré dans cette idée,
qu'on nous faifoit le plus grand tort, la plus
grande injure, fi cette affeurance, dans laquelle m'avoit mis l'inclination naturelle pour le
bien de mes Compatriotes, n'avoit pas été
alterée par certaines Brochures qui parurent
après, & qui en me faifant faire reflection,
me reprefentoient autrement la chofe. Je
trouvai dans ces brochures, qu'on noircif-
foit en toute façon la Nation Angloife,
j'apperçus, que cela fe faifoit avec autant

d'im-

d'imprudence que de déloyauté *. Je vis diſtri-
buer des écrits, où les Anglois ſont outragés
par des injures **. Et comme j'ai toujours cru que
les invectives ſont l'effet d'une paſſion déreglée,
qui communement prend ceux qui ont tort,
je commençai à douter ſerieuſement ſi le Droit
ſeroit tout à fait de nôtre coté, comme on le
prétend, & que d'abord je l'ai cru. On dit
généralement, que celui qui crache des injures,
a tort; Car ces injures ſont l'étiquette de ceux
qui manquent de bonne raiſon, ſur quoi s'ap-
puier. Cette maxime générale, ne me con-
vainquit néanmoins pas de la juſtice de la manière d'agir des *Anglois*. Comprennant, que
la chaleur qui nous pouſſe à écrire & à criallier,
peut auſſi provenir d'un reſſentiment de mauvais traitemens qu'on ne peut pas detourner ni
venger, je ne pouvois pas non plus donner le
tort à mes Compatriotes pour cette ſeule raiſon,
qu'ils ne s'étoient défendus que par les armes
d'expreſſions ameres. Je me répreſentai un
garçon qui, frappé par un homme fait, ſe ven-
ge en appellant l'autre, Marraud, fripon, fa-
quin &c. ſoit qu'il ait été battu avec raiſon,
ou mal à-propos: je ſuſpendis donc mon jugement

* EXAMEN DE LA CONDUITE DES ANGLOIS,
*envers la Hollande depuis la Formation de la Republi-
que juſqu'à preſent &c.*
** *Libres Réflections ſur l'augmentation des Troupes
par terre; avec une harangue addreſſée aux Hollandois.*

ment & conclus feulement: 1.) qu'on ne peut
pas faire fond fur ces écrits, pour faire un jugement jufte. 2) que pour juger des cris des
plaideurs il faut examiner auparavant ce qui eſt
dit de l'autre partie, & fuivre les juges formels,
qui ne prononcent que fuivant *atta* & *probata*:

§. II. De cet examen il fuivoit d'abord ces
Rémarques : On fe plaint, difois je, de ce
qu'on pille, qu'on enleve, qu'on declare pour de
bonnes prifes nos vaiffeaux &c. Mais ce pilla-
ge, cet enlevement, ces prifes font elles juftes
ou injuftes? Injuftes, crie la troupe de mes
Compatriotes qui fe plaint. Mes amis, leur
reponds-je, comment prouvez vous l'injuftice?
L'injuftice, entend-je, fe prouve d'elle même
par le domage que nous foutfrons, par la ruine de nôtre Commerce. Mais mes amis! fi
vous donnez occafion & fujet au dommage que
vous fouffrez, à la ruine de vôtre commerce,
où donc démeure vôtre équité & votre Droit?
Nous ne donnons pas occafion ni fujet dites
vous. Mais où font vos preuves? Dans une
brochure remplie de difcours indecens, d'
injures, de fauffetés? ce ne font pas des preuves: elles peuvent bien éblouir pour quelque
tems le peuple imprudent, mais non pas trom-
per les efprits plus éclairés. Vous me renvoyez
au *Memoire* imprimé chez *Tirion*: Celui - ci
met vôtre caufe dans tout fon jour, il con-
vainct tout le monde, il ne nous laiffe aucun
dou-

doute, comme il vous femble ; Mais per-
mettez moi, je vous prie, d'y faire quelques
rémarques, & je me foumettrai à vôtre jugement, quoique vous foyez juge dans vôtre
propre caufe.

§. IV. Le Memoire commence par ces mots:
,, Il eft generalement connu que nos Marchands
,, ont'foufferts&fouffrent encore de grands dom-
,, mages par les vaiffeaux de guerre & les Ca-
,, pres Anglois, qui prennent nos vaiffeaux,
,, qui vont aux Indes Occidentales, ou en ré-
,, viennent. - - Les Marchands de cet Etat
,, font d'autant plus obligé à publier un Mé-
,, moire qui mette dans tout fon jour la juftice
,, de leurs plaintes, puifqu'on leur met à char-
,, ge en Angleterre, qu'ils faifoient un Com-
,, merce en Amerique, qui n'eft pas permis,
,, & puifqu'on allegue contre eux le Traité de Ma-
,, rine fait entre l'Angleterre & cet Etat en 1674.
,, & fur la foi duquel ils fe font appuyé dans
,, leur navigation à leurs propres Colonies, &
,, aux Isles Françoifes en Amerique, pendant la
,, guerre préfente.

§. V. J'ai à faire trois rémarques fur ce
paffage.

1.) Que les Anglois alleguent un Traité contre nous, & nous accufent de faire un Commerce déffendu: d'où il s'enfuit tout naturellement, que ce n'eft pas par pure Infolence, qu'ils
en

en ufent ainfi avec nous ; mais qu'ils croient avoir raifon de faire ce qu'ils font.

2.) Que le *Memoire* confond ici & dans la fuite les actions des Capres avec celles des vaiffeaux de guerre &c. ce qui eft, il me femble, contre l'équité. Mais en bonne foi : *faut-il mettre fur le Compte de la Nation Angloife tout le mal que font les Capres Anglois ?* On trouve que c'eft là ce que veulent les brochures mentionnées & le *Mémoire*. Or, fuivant les Régles de Droit on ne peut rien imputer qu'à ceux qui ont commis eux mêmes quelque chofe, ou qui y ont preté acheminement, ou qui l'ont approuvé aprés coup, ou qui y ont pris part, & cela plus ou moins à mefure qu'ils y ont confenti, foit avant ou après coup. Eft-ce donc que vous trouvez cela dans les Anglois ? Non, ils defaprouvent les infolences des Capres, ils s'y oppofent, ils les puniffent, ils mettent en œuvre des moyens de les brider & de les prévenir. La troupe injuriante ne fait-elle donc pas grand tort aux Anglois en leur mettant à charge, ce dont ils ne font pas réfponfables? Cette troupe n'en agit'elle pas bien imprudemment, de les aigrir fi mal-à-propos ? Il eft auffi infenfé de leur imputer, que fi quelcun vous imputeroit le Maffacre des Chinois, ou voudroit vous rendre réfponfable des forfaits de l'un ou l'autre Marinier, qui, plus attentif à fon intérêt qu'à vos ordres, faifoit des brigandages

dages dans quelque contrée. Si vous étiez volé
dans vôtre maison, de nuit, en accuseriez-
vous vos gens, ou vos compatriotes; ou
si le coupable vous étoit connu, impute-
riez-vous vôtre perte au Magistrat? Considerez
bien cela, & vous trouverez que nous en
usons encore plus injustement, parcequ'il
n'est pas inconnu, qu'en tems de guerre par
mer, il y a toujours des gens qui cherchent
à profiter de l'occasion à de s'enrichir en faisant les écumeurs de mer. Que même il
arrive souvent, que des Marchands y sont
interessés, qui dérobent par ce moyen leur
Compatriotes & concitoyens, & qui sont
ainsi la principale cause de la perte que font
leurs Confreres. Rémarquez aussi, que dans
le tems passé on fit les mêmes plaintes contre les Hollandois, qu'on entend maintenant
contre les Anglois : Si vous reflechissez bien
à tout cela & sans partialité, ne vous écrie-
rez vous pas; Ah Zele insensé, qui nous
a porté à nous tant déchainer contre les Anglois ?

§. VI. Il me semble entendre un bruit
sourd; les levres s'agitent, les yeux s'égarent;
le depit est peint sur le visage, tout est
mécontent, à peine le devoir de Citoyen
peut-il retenir la Main. Je lis sur le visage de la troupe courroucée. ,, Comment!

,, Ces

„ Ces prises si prejudiciables au Commerce
„ entrainent la ruine des Assurateurs, l'ap-
„ pauvrissement des Mariniers, la cessation
„ entiere des fabriques dans nôtre païs, &
„ par conséquent la déchute entiére du
„ Commerce & de la navigation de nôtre
„ Republique; nous perissons tous avec fem-
„ mes & enfans, & pourtant les Anglois
„ auront raison? il ne nous arrive point de
„ mal? on ne nous fait pas tort? nous
„ n'avons pas sujet de nous plaindre, ni de
„ demander le dedommagement?" Ce n'est
pas vous Messieurs, qui parlez ainsi,
c'est une certaine espece de gens, qui n'esti-
ment la vertu, qu'autant qu'elle leur est
utile, & qui, en ne cherchant que leur
propre intérèt, veulent persuader à tout le
monde, qu'ils ne cherchoient que le bien
Public. Examinez le bien avec moi, & si
je montre que ce que font les Capres ne
peut pas être imputé à la Nation Angloise,
est-ce que je soutiens par là, que Nous
n'etions pas injustement insultés des Capres?
que nous ne devions pas nous en plaindre,
ni en demander le dédommagement?
Tout ce que je prouve, consiste en cela?
qu'il faut examiner en premier lieu, qui
est le coupable, & non pas accuser ceux
qui ne le font pas; ainsi qu'il ne faut
pas

pas imputer à la Nation Angloife ce qu'on ne peut imputer qu'aux Capres; & qu'il faut bien diftinguer les Capres d'avec les vaif-feaux de guerre : diftinction fort neceffaire, qui pourtant eft abfolument negligée dans le *Mémoire* fusmentionné.

(XX.)

MEMOIRES

POUR SERVIR 'A

L'HISTOIRE

DE NOTRE TEMS,

PAR-RAPPORT AUX DISSENTIONS PRE-
SENTES ENTRE LA GR. BRET. ET
LA REP. DES PROVINCES
UNIES.

(XX.)

SUITE TOUCHANT LES PRISES QUE
LES VAISSEAUX DE GUERRE ET LES
CAPRES ANGLOIS ONT FAITS SUR LES
VAISSEAUX DES HABITANS DE
CET ETAT ALLANTS AUX IN-
DES OCCIDENTALES OU
EN REVENANTS.

§. VII.

Tout inconfideré que foient les plaintes contre la Nation Angloife par
rapport aux Capres, il y en a qui
vont encore plus loin dans leur emportement
contre les Bretons. Nous crions ,, contre les
,, fentences odieufes, arbitraires, injuftes, de

U

plu-

„ plufieurs Cours de juftice de l'Amirauté en
„ Angleterre, en Irlande, & principalement
„ dans les Colonies Angloifes en Amerique;
„ des taxes exorbitantes fur nos vaiffeaux, &
„ de leur charge, nonobftant là proteftation de
„ nos Capitaines; des ventes qu'on en fait fans
„ le confentement des Réclamans; de l'infuf-
„ fifance des Cautions que donnent les Capres;
„ des fraix terribles auxquels nos vaiffeaux font
„ condamnés, après qu'ils font déclarés libres,
„ & quantité d'autres dommages qui fuivent la
„ prife de nos vaiffeaux. Ne devrions-nous pas
„ nous plaindre de la manière illegitime de vi-
„ fiter & de traiter nos vaiffeaux en mer; Des
„ déprédations criantes, que les Capres An-
„ glois y commettent; du mauvais traitement
„ qu'on fait à nos Mariniers; des efforts qu'on
„ a fait fi fouvent pour les engager en leur of-
„ frant de l'argent, à faire de fauffes déclarations. "
Pourquoi la Nation Angloife ne met-elle pas
fes Capres à la raifon? Pourquoi pas fonger à
nous laiffer en repos? C'eft là ce qu'elle eft obligé de faire.

Vous entendrez raifonner ainfi mille gens, qui
fans diftinction des cas, s'imaginent & prétendent felon leur fageffe, que la Nation Angloife devroit mettre ordre, que fes Capres ne
nous infultaffent point, & qu'elle eft refpon-
fable du mal qu'ils nous font. Mais quelle
raifon de prétendre que les Anglois doivent
veil-

veiller fur notre Navigation? N'eſt-ce pas la
prétention la plus abſurde, qu'un peuple étranger nous doit garder, pendant que nous trou-
vons bon nous-mêmes de nous repoſer fur la
grace de Dieu (comme on dit): N'eſt-ce pas
ſe moquer ouvertement de la droiture en fait de
politique? Comment donc, les Anglois ne
doivent-ils plus permettre à leurs Capres de
croiſer, ou les accompagner de vaiſſeaux de
guerre pour empêcher qu'on ne nous faſſe point de
mal? Qui eſt ce qui voudroit établir le premier point? La raiſon, l'uſage & la neceſſité exigent
à la fois qu'une Puiſſance belligerante fur mer,
donne occaſion aux Capres de croiſer? Et il
feroit bien ridicule de vouloir ſoutenir le ſé-
cond, qu'une choſe qui eſt pour faire domage
à l'ennemi, ſerviroit à la ſeureté d'autrui, pendant qu'eux-mêmes ſont expoſés. Puis donc que
les Anglois doivent mettre des Capres en mer;
puiſque leurs vaiſſeaux de guerre ſont neceſſai-
res à un autre uſage qu'à ſervir de garder leurs
Capres, comment peuvent ils prévenir les de-
ſordres qui néceſſairement en doivent réſulter?
Je tombe d'accord, que la Nation Angloiſe eſt
reſponſable de tout ce qui ſe fait avec ſon con-
ſentement ou par ſes ordres. Mais eſt-elle obligée de répondre de ce qui arrive ſans qu'elle
l'ait voulu, ni conſenti, ni ſû, & malgré elle.

Les Capres ſe mettent en mer, ils ont per-
miſſion de prendre les vaiſſeaux François, &

U 2   ceux

ceux des Puiſſances neutres, qui font un Commerce defendu : Les Capres vont plus loin à
l'egard de ce dernier. Ils attaquent nos vaiſſeaux, font des violences, maltraitent les mariniers &c. Eſt-ce la faute de la Nation? Non
aſſeurement.   Car quoiqu'une Nation doive
empêcher autant qu'il lui eſt poſſible, que ſes
ſujets ne faſſent pas tort à ceux d'une autre Nation, aucune n'eſt obligée à défendre l'autre contre des inconveniens qui naturellement
doivent naitre de cette manière de faire la guerre. Si quelques-uns de nous, ou quelques-
uns de nos vaiſſeaux s'etoient trouvés à *Louis-
bourg*, lorſque les Anglois vinrent aſſaillir la Place, devoient ils ſe deſiſter de leur deſſein, pour
ne pas faire du mal à nos vaiſſeaux? Cela ne
pouvant pas être prétendu, vous ne pourrez
pas non plus prétendre que les Anglois retien-
nent leurs Capres, quoiqu'on prevoye que les
vaiſſeaux des Marchands en ſoufriront :
Encore moin pourra-t-on prétendre, que les
Anglois employent leur force par mer, pour
réprimer les Capres, parce qu'autrement il
vaudroit mieux de ne point mettre de Capres
en mer. Ces Raiſons jointes aux precedentes
montrent clairement l'abſurdité des plaintes
qu'on fait ici. Les courſes des Capres ſont
donc naturellement accompagnées de peril pour
les Puiſſances commerçantes qui démeurent
neutres & ſans défenſe: Les Puiſſances qui ont
con-

conclu le Traité de 1674. ont fort bien prevû cela; cela paroit de l'Article XIV., où il est parlé des inhumanités, des cruautés & violences des Capres, qui leur sont ordinaires. Tout ce donc que les Anglois sont obligé de faire suivant le Traité, & ce que nous pouvons demander avec raison, c'est, que si nous sommes offensés, nous prouvions l'offence, indiquant les offenseurs; les Anglois de leur coté, nous doivent donner satisfaction & punir les scelerats. C'est ce que ne font pas les Anglois, entends-je dire. Cela se peut; mais l'avez vous demontré? Cela me conduit à la troisième remarque sur le Passage allegué du *Memoire* (parag. IV.)

§. VIII. J'entends crier aux violences, aux vaisseaux pris, aux Confisquations &c. Mais quoique j'entende ou lise, je ne trouve que des accusations en général, & comment peut-on y satisfaire? Car si on m'avoit volé quelque chose, & que je portasse mes plaintes devant le juge, ne demanderoit-il pas: *qui est ce qui l'a fait?* & si vous ne savez pas l'indiquer, vous ne serez guéres consolé. Appliquez cela Messieurs aux violences des Capres Anglois; lorsqu'ils attaquent des vaisseaux de Marchands, ils n'appellent pas d'autres vaisseaux pour en être témoins; cela se fait en pleine mer, personne n'y est présent. Il est donc bien difficile d'indiquer, qu'un tel Capre, en un tel tems, a attaqué tel vaisseau. Combien ne faut-il donc pas rabbat-

U 3   tre

tre de l'injuftice, qu'on penfe que nous font les Tribunaux Anglois?

§. IX. Paffons outre, & confiderons le grand domage, qui eft dit dans le *Memoire*, qu'au Mois d'Août il montoit au deffus de 12. Millions. Je demande ici: Eft-ce qu'on ne comprend, dans cette fomme, que des vaiffeaux, charges &c. qui ont été pris injuftement fur les Hollandois, ou tout le dommage que les Capres & les Vaiffeaux de Guerre nous ont caufe? Eft-ce qu'on compte dans cette fomme tous les vaiffeaux pris, confifqués &c. ou feulement ceux qui le font injuftement? Le memoire laiffe cela entierement obfcur; mais il dit: „ qu'on entende nos Marchands, qui font in- „ 'juftement opprimés & traités cruellement par „ une Puiffance avec laquelle nous fommes en „ alliance & amitié. Voila, Meffieurs, une accufation fort agravante & qui va bien loin fans doute; C'eft pourquoi il faut l'appuyer de bonnes preuves. L'Auteur du *Memoire* ne balance pas de dire rondement: que *nous étions injuftement opprimés & traités cruellement* non par les Capres, mais par la Puiffance d'Angleterre. Mais les preuves? Lifez le *Memoire* d'un bout à l'autre, vous n'y trouverez pas même l'ombre d'une preuve. On n'y trouve que des plaintes & accufations en général, un amas de dommages de pertes communes, fans aucune démonftration folide, bornée ou valable en droit.

S'il

S'il y a des iniquités, ce que je ne veux pas contredire, pourquoi pas les marquer diftinéte-
ment? Auroit-ce été une affaire fi pénible d'appuyer par de pareilles preuves un *Mémoire tou-*
chant les prifes &c. Ou n'étoit-il pas convenable de le faire?

§. X. Il faut diftinguer trois chofes dans ce
different. 1.) Les plaintes contre les Capres
en general. 2.) Les plaintes des perfonnes qui
ont raifon de fe plaindre, & 3.) Les plaintes
de ceux qui n'ont pas raifon de fe plaindre.
Vous ne difconviendrez pas Meffieurs, qu'il y
en a entre nos Marchands, qui font effentiellement un commerce déffendu, & par confequent
n'ont pas raifon de crier ; qu'il eft des cas
qu'on peut démontrer, d'autres qu'on ne peut pas
démontrer; & encore d'autres dont on peut juger
differemment, fuivant le plus ou moins de droit
qu'on a aux vaiffeaux, à la charge &c. Brouiller
cela tout enfemble, n'eft-ce pas là le moyen,
que ni l'un ni l'autre fera jamais fatisfait? Quelle pourroit être la raifon, de ce qu'on ne lit
rien de diftingué dans le *Mémoire?* On dira peut-
être, qu'il n'etoit pas néceffaire, parceque
l'objet du Mémoire étoit *nôtre commerce & na-*
vigation légitime aux IslesFrançoifes, & que ce qui
n'y a pas rapport étoit fuperflu; Mais fi ç'avoit
été le feul objet de l'Auteur, pourquoi dit-il
donc „ dans l'attente de porter nos Magiftrats à
„ prêter un fecours & une protection efficace,

U 4   „ an

„ au Commerce de ces Provinces , efperant
„ que quand les juftes plaintes de nos Mar-
„ chands, les preuves evidentes qu'ils produi-
„ fent de la légimité de leur commerce aux In-
„ des Occidentales, & l'explication toute natu-
„ relle qu'ils font du Traité de 1674. feront
„ mifes fous les yeux de Meffieurs les Commif-
„ faires des Appells, ils contribueront à obte-
„ nir de ce Tribunal refpectable la juftice que
„ nous pouvons nous en promettre" A quoi bon,
tels & plufieurs autres paffages , fi l'on veut
fimplement examiner, fi le Commerce & la
Navigation libre aux Isles Françoifes nous eft
permis fuivant le Traité?

§. XI. Mais fuivons le *Memoire* dans fon
examen du Traité touchant *la legitimité de nôtre*
commerce aux Isles Françoifes. Autant que j'y
comprends, il me femble, qu'il veut la dedui-
re du but du Traité, & de fon fens litteral.
Mais qu'entend-on fous *Commerce legitime?* eft-
ce le commerce & la navigation de nos Contrées & Poffeffions à celles de France feulement?
ou faut-il y comprendre auffi la navigation des
Contrées & des poffeffions Françoifes aux Contrées & poffeffions Françoifes? L'auteur du
memoire le prend vifiblement dans le dernier
fens. Il donne au Traité le fens le plus étendu
par rapport à nôtre navigation. „ Pas la mo-
„ indre apparence dit-il de bornes, de rétran-
„ chement dans cet Article, qui marque evi-
dem-

„ demment une entiere liberté de Commerce
„ & de Navigation; point de difference entre
„ les places où on a trafiqué autrefois, ou
„ non: point d'exception de places où on ne
„ navige pas en tems de paix &c. La liberté
„ de Commerce & de Navigation ne souffre,
„ suivant le I. & II. article de 1674., au-
„ cune exception de Marchandises, de quelles
„ sortes qu'elles soient, à la réserve des secours
„ pour la guerre &c. Voilà, comme encore
dans plusieurs autres passages du *Mémoire*, l'o-
pinion de l'auteur. Voyons donc maintenant,
Messieurs! ce que nous en apprennons, & si
l'explication que vôtre Avocat fait du Traité
est au-dessus de toute Contradiction, comme il
lui semble, sans l'affirmer ni le nier absolument à son exemple, mais observant les Regles
à expliquer les Traités.

§. XII. Une des Régles générales est: que
de l'explication il ne suive pas des absurdités.
Si donc le Traité étend la liberté de Navigation
autant que le *Memoire* le prétend, il s'ensuit,
que les Hollandois pourroient naviger non-seu-
lement d'un port de mer de Hollande à un de
France & en retourner &c; mais aussi d'un
port de France à un autre, & avec des Marchandises appartenantes aux Hollandois non seulement, mais aussi avec des Marchandises appartenantes à la France; à l'exception seulement
des places assiegées ou bloquées, & des Mar-

U 5   chan-

chandifes contrebandes : de forte, que fi les
François ne font qu'emprunter des vaiffeaux &
des Matelots Hollandois, ils pourront continuer
leur Commerce auffi feurement, qu'en pleine
paix, & comme s'ils n'etoient en guerre avec
perfonne. Je vous laiffe à juger, Meffieurs, fi
cette confequence, qui eft ouvertement dans
l'explication que le *Memoire* donne au Traité,
n'eft pas une parfaite abfurdité. Car qu'y a-t-
il de plus abfurde, que de pofer d'un coté le
Cas d'une guerre (c'eft-à-dire: l'oppreffion & la
deftruction du Commerce d'un ennemi) & de
l'autre coté la liberté d'un allié de foutenir ce
commerce.

Eprouvons cette explication à la pierre de
touche d'une deuxieme Regle générale : *Les
Traités doivent être expliqués conformement aux
vues de ceux qui les ont conclus.* Le deffein
donc de l'Angleterre & de la Hollande peut-il
avoir été, que fi l'une d'elles feroit en guerre,
l'autre auroit la liberté, en vertu du Traité, de
mettre à couvert le commerce de l'ennemi,
fon allié, & de l'affeurer ? Cela feroit pourtant
ainfi, fi le Traité eft entendu de la manière
indefinie que veut le *Memoire*. Car fi l'on
prouve, que fans bornes on doit naviger d'un
port à l'autre, avec des Marchandifes appartenantes à nous proprement, ou à l'ennemi, excepté feulement la Marchandife contrebande &
les places affiegées, ou bloquées, & qu'on
adopte

adopte encore cette maxime, *quand le vaiſſeau eſt libre la Marchandiſe l'eſt auſſi*, nous ſommes en Droit & pouvoir d'aſſeurer à cette heure entierement le commerce des François, en le mettant à couvert contre les Anglois, à la faveur de nos vaiſſeaux & de nos mariniers.

Nous apprennons d'une troiſieme maxime générale, que *s'il y a quelque obſcurité dans un Traité, il faut examiner, quel a été le but des Contractans?* Qu'eſt ce donc que l'Angleterre & la Hollande ont eu pour objet en concluant le Traité? N'eſt-ce pas la ſeureté mutuelle de leur Commerce du coté de ceux avec lequels elles ſeroient engagées dans une guerre? Peut-on bien entendre avec la moindre vraiſemblance la ſeureté du Commerce de la Puiſſance avec laquelle on eſt brouillé? Ainſi la nature du Traité exclut toute navigation qui aſſeure le Commerce & la navigation de la Puiſſance avec laquelle on eſt en guerre.

Une quatrieme Régle générale nous apprend, qu'en expliquant des Traités tels que celui dont il s'agit, *L'explication ſe doit faire de ſorte que l'egalité ſoit obſervée & ſoutenue en toute manière.* D'où il s'enſuit, que dans le cas préſent les Anglois n'ayent pas plus de préjudice du Traité que nous en tirons avantage : ce qui exiſteroit effectivement, ſi les François obtenoient de continuer librement leur Commerce par nôtre faveur. Toutefois nous ne tirons pas autant

d'a-

d'avantage de ce moyen que les François, &
portons préjudice aux Anglois.

La V. Régle demande que *si en concluant un*
Traité, l'Etat des affaires tel qu'il étoit alors y a
influé, ou a pu influer; la promesse ne peut pas
être appliquée aux changements qui depuis sont
survenus dans l'etat des affaires, suivant cette
maxime des Juris-Consultes: Omnis Conventio
intelligitur, rebus sistantibus. Je m'engage à
laisser à quelcun l'usage de toutes mes terres,
pour une somme d'argent : Trois ou 4. ans
après j'obtiens par heritage un grand fonds de
terre ; cette nouvelle terre doit elle aussi être
comprise sous celles que j'ai laissé à un autre?
Les Anglois promettent de ne nous point empêcher dans nôtre Commerce & navigation.
Quand donc? Dans un tems où nous ne jouis-
sions pas du Commerce François: c'est là ce
qui fait le sujet du different à cette heure. Mais
le Traité les y peut-il néanmoins obliger?

Une VI. Regle est, *qu'en cas qu'il y ait quel-*
que obscurité ou inconvenience dans les mots du
Traité, il doit être entendu à l'avantage de ce-
lui qui y perdroit, plus-tôt qu'en faveur de celui
qui y gagneroit. Selon cette maxime : *Incom-*
moda vitantis melior, quam commoda petentis
est causa. C'est là justement le cas entre les
Anglois & nous. Asseurement Messieurs!
n'est-ce pas bien absurde, qu'un dommage que
je fais à mon ennemi, donneroit à mon allié

cet

cet avantage, qui s'en fert pour me nuire &
pour rendre inutiles ces efforts contre mon ennemi. Les Anglois empêchent les François
de faire commerce à leurs Isles. Ce dommage
fait aux François tourné au profit des Hollandois,
qui font cette navigation & ce Commerce, &
par là rendent inutiles les efforts des Anglois, &
favorifent leurs ennemis.

Toutes ces maximes ne démontrent elles pas
clairement, que l'explication vague du Traité
telle que la fait le *Mémoire*, n'eft point fondé du
tout; & qu'elle repugne même au fens & à
l'intention du Traité, & aux exceptions auxquelles font affujettis tous les Traités quels qu'ils
foyent ?

§. XIII. J'eftime cela fuffifant * pour faire
voir, que contre des Argumens fi forts & fi
effentiels l'auteur du *Mémoire* n'a abfolument
rien de quoi appuyer fon fentiment: Comment
a-t-il donc pu accufer les Anglois fi cavalliere-
ment *qu'ils donnoient ouvertement un fens con-*
traire au Traité; une explication forcée, ré-
pugnante au but du Traité; qu'ils rétordoient
les expreffions &c.

Les intereffés à la navigation & au Commerce en queftion, m'imputeront peut-être, que
je leur fais tort, que je detruis en grande
partie le Commerce & la Navigation des Hol-
lan-

_____

* Qui veut s'informer plus amplement, qu'il life
Grotius de J. B. & P. & Puffendorf de J. N. & Gent.

landois &c. Supposé que cela soit: si l'équité
l'exigeoit, moi non seulement, mais vous autres
Messieurs, & tous ceux qui préferent la justice
& l'equité à l'intérêt propre, en agiroient
de la même manière ; Car, à chacun ce qui
lui appartient, c'est la première Regle de Droit.
Vous me demanderez peut être comment donc
le Traité doit être entendu par rapport à ce
different, s'il ne doit être expliqué comme dans
le *Mémoire?* Cette question est juste, j'y répondrai;
& quand j'aurai montré par les Régles
à observer en expliquant les Traités, que celui
de 1674. ne doit pas être entendu comme il est
expliqué dans le Mémoire, les mêmes Régles me
serviront pour en montrer la vraie signification
à ce qu'il me semble, & des mots & des expressions,
sur tous les points dont on dispute. Vous
verrez qu'ils ne doivent pas être bornés comme,
suivant le *Mémoire*, les Anglois les veulent
soutenir, ou qu'il vous a pau que je voulois
les entendre.

 §. XIV. Je fixe mes pensées au dessein en
général du Traité dont il s'agit. Quel est son
but? Il a pour objet, qu'en cas qu'une des
Puissances qui l'ont fait, seroit engagée dans une
guerre, l'autre n'en souffriroit le moindre empêchement
où dommage dans son Commerce
& Navigation : par conséquent, que la Puissance
qui est en paix, peut faire tout le profit
du Commerce &c. comme s'il n'y avoit point
de

de guerre. Parceque donc l'Objet du Traité n'a pas été, qu'en cas d'une guerre la condition de l'autre de ces Puissances qui ont fait le Traité, & qui n'est pas engagée dans la guerre, soit empirée; & parceque pourtant la Condition des Hollandois feroit réellement empirée par la guerre entre la France & l'Angleterre, si nous ne devions pas prendre à-present une autre branche de commerce étranger, il s'ensuit, que l'explication des mots en question attribuée aux Anglois, est trop étendue; & c'est là l'argument de l'absurdité alleguée dans le *Mémoire* par rapport au vaisseau d'assiente. On en peut argumenter naturellement, que si la France nous cederoit quelque branche de son commerce, soit en France soit en ses Isles en Amérique ou ailleurs, les Anglois ne nous y troubleroient point; de même que les François ne nous troubleroient pas dans le Commerce en Angleterre quand il feroit rétabli comme il étoit avant le tems de Cromwel.

Si donc il est vrai, que le Dessein du Traité ne permet pas d'imaginer, qu'en Cas de guerre, la condition du parti qui démeure en paix, doit être empirée; il est vrai aussi d'un autre coté, que la Condition du parti qui est engagé dans la guerre ne doit être empirée, si ce n'est pas les suites naturelles de la guerre; encore moins, que ce dommage lui pourroit-être causé par le parti qui demeure en paix. Or il
est

eſt ſeur, que, ſi la France eſt miſe en état par
les Hollandois de continuer ſon Commerce,
durant la guerre, la Condition de l'Angleterre
ſeroit empirée par d'autres cauſes, que par les ſuites
naturelles de la guerre, & en vertu du Traité.

§. XV. Il eſt plus facile, dit-on, d'abbattre
que de bâtir, auſſi n'ai je fait juſqu'ici que montrer,
que le Traité ne peut pas être pris dans le ſens
que lui donne le *Mémoire*, ni dans celui qu'on dit,
que le prennent les Anglois.   Il eſt tems de
voir, comment il doit être entendu par rapport au different en queſtion.   Je vais vous
ſatisfaire.

MEMOIRES

POUR SERVIR 'A

L'HISTOIRE

DE NOTRE TEMS,

PAR-RAPPORT AUX DISSENTIONS PRE-SENTES ENTRE LA GR. BRET. ET LA REP. DES PROVINCES UNIES.

(XXI.)

SUITE TOUCHANT LES PRISES QUE LES VAISSEAUX DE GUERRE ET LES CAPRES ANGLOIS ONT FAITS SUR LES VAISSEAUX DES HABITANS DE CET ETAT ALLANTS AUX IN-DES OCCIDENTALES OU EN REVENANTS.

EN 1674. nous avons arreté par un Traité solemnel avec l'Angleterre la liberté de Commerce & de Naviga-tion, en cas que nous, ou les Anglois seroient engagés dans une guerre avec d'autres Puissan-ces. Suivant ce Traité nous avons donc la li-berté de navigation & de Commerce. De quel-

le

le Navigation ? de quel Commerce? Certainement pas de celui dont nous nous nourrissions
du tems que le Traité fut conclu, §. 13. & 14.)
mais du Commerce & de la navigation qui
étoient l'objet de la Convention du tems qu'on
conclut le Traité.   Tout depend donc de la
définition juste de ce Commerce & navigation.

§. XVI. Il seroit inutile de s'etendre ici sur
la navigation comme Navigation: Puisque les
Anglois ne nous disputent la navigation que
par rapport au Commerce qui se fait par ce
moyen; il ne s'agit ici, que de la liberté de
navigation, qui est nécessaire au Commerce,
comme un moyen sans lequel on ne sauroit
parvenir à cette fin: Il faut donc examiner *quel
Commerce ait pu être l'objet du Traité*: cela
nous fera voir de soi même, quelle navigation le Traité a pu envisager.

§. XVII. Le Commerce se fait de deux
manières, selon que je suis instruit : ou pour propre compte, ou pour le compte d'autrui. On
appelle le Négoce pour le Compte d'autrui,
négoce en Commission; & ceux qui le font,
Commissaires.   Le propre du Commerce pour
propre Compte consiste en cela, que quelcun
achete & vend pour soi même ; qu'il envoie
les Marchandises qu'il s'est approprié par achat,
trafic ou autres moyens légitimes; les fait venir d'autres Contrées, transporter d'une Place

à

à l'autre, pour les livrer à ceux qui les ont acheté de lui, ou pour les remettre à son risque en main de ceux, à qui il donne charge de les vendre &c. Le Propre du Commerce en Commission, c'est, que quelcun achete & vend pour le compte & sur les ordres d'autrui; qu'il réçoit des Marchandises, envoie d'autres qu'il a acheté, & enfin fait tout ce que sont obligés de faire ceux qui negocient sur les ordres de quelque autre. Un Hollandois par exemple, fait acheter en France des vins, du papier, des Olives &c. & les fait transporter ici ou ailleurs; Cela s'appelle négoce pour propre Compte. Le même tems un François envoie à un Hollandois des vins, du papier, des Olives &c. pour les vendre pour son Compte; en ce cas le Hollandois fait un Négoce en Commission & le François le fait pour son propre Compte. Il paroit de là, que le Commerce en Commission prend son essence de la distance des Places, qui oblige de faire par un Commissaire ce qui lui est impossible de faire lui même. Le Commerce libre étant accordé aux Hollandois par le Traité, il s'ensuit, qu'ils ont Droit de négocier pour propre Compte & pour le Compte d'un autre. 1.) d'envoyer des Marchandises qu'ils ont, excepté les besoins pour la guerre, à toutes les places ennemies qui ne sont pas investies, bloquées ou assiegées; & pareillement de faire ve-

X 2   nir

nir la Marchandise de ces places, d'envoyer même d'une place ennemie à l'autre toutes sortes
de pareilles Marchandifes qu'ils peuvent s'appro-
prier dans ces places: 2.) de prendre en Commiſſion des Marchandifes de ces places pour les
vendre dans ce pais-ici; on d'y envoïer des Marchandifes achetées dans ce pais-ci.

§. XVIII. Le commerce étant donc double,
il a auſſi un double objet : *des Marchandiſes
propres, & des Marchandiſes d'autrui.* Ainſi
c'eſt pour ces deux ſortes de commerce & de
Marchandiſe que le Traité donne la liberté, &
de les tranſporter de Hollande à un port ennemi, ou de les en faire venir (bien entendu toujours dans des vaiſſeaux Hollandois), ſans être
troublé.

A. d'Amſterdam envoye à B. en France des
draps de Hollande pour les y vendre, ou deja
vendus à B. qui les a demandé : Ou il fait venir de France des Vins pour ſon Compte, ou
qu'il les ait en Commiſſion; dans ces deux Cas
le Commerce des Hollandois ne ſera pas troublé, étant applicable à ce dernier Cas, qui
eſt allegué dans le *Mémoire: quoique toute la
charge ou en partie appartienne aux ennemis de
Sa Majeſté Britannique.*

De plus: A. de Hollande envoie des Marchandifes à Rouen, avec charge de les livrer, de les
vendre ou de les debarquer, & d'y acheter d'autre

tre Marchandife, & de la transporter à Marseille : Cela étant une branche de commerce
pour propre compte, il ne doit pas être troublé,
& on y peut appliquer, ce qui eft dit : que la
liberté de Commerce s'etendroit auffi à le pouvoir faire d'un port ennemi à l'aurre.

§. XIX. Après avoir ainfi confideré le Commerce dans fon effence, on vient naturellement
à cette démande : faut-il comprendre fous ce
mot de Commerce,

1.) *l'achat & la vente de Marchandifes pour*
le compte de proprietaires qui demeurent dans
les places où elles font achetées pour eux?

A, par exemple, Marchand d'Amfterdam, achete à Marfeille pour B. Marchand de Marfeille,
des Marchandifes qu'il tranfporte à Livourne ;
ou il en achete à Livourne pour B. & les transporte à Marfeille? Je crois que non : parceque
en ce cas nous autres Hollandois ne fommes ni
Marchands ni Commiffionaires, mais proprement des Mercenaires employés par les autres
à entretenir un Négoce qu'ils font empêchés de
faire eux-mêmes.

2.) *Le transport de pareilles Marchandifes,*
dans nos vaiffeaux & fous nôtre nom? A. d'Amfterdam procure à B. de Marfeille un vaiffeau
Hollandois, pour s'en fervir à tranfporter, &
fous fon nom, des Marchandifes à un autre
port François : Cela je penfe, ne fe com-

X 3

prend

prend pas non plus fous le mot de *Commerce*; la procuration de vaiffeau & de preter fon nom n'etant pas un négoce pour propre compte, ni pour le compte d'autrui ; Mais feulement une affiftence pretée à ceux, qui font mis hors d'état de faire leur Négoce d'une autre manière.

3.) Donner à louage fes vaiffeaux ? p. e. B. de Marfeille prend un vaiffeau à louage de A. d'Amfterdam ; il eft équippé de Matelots Hollandois, & chargé de Marchandifes achetées pour B.   Les Anglois ont-ils droit à cette Marchandife ou non? Le *Mémoire* répondra *que non*; *vaiffeau libre Marchandife libre auffi.*   Je reponds que **oui** ; parceque cela n'eft pas le commerce d'un Hollandois, mais d'un François, & parceque cela ne fe peut dire Commerce, que de vaiffeaux à louage.

§. XX. Voilà à-découvert la vraie intention du Traité, ce qu'on appelle *l'Efprit de la Convention.* Il en paroit très clairement, comment la liberté de nôtre Navigation & Commerce doit être entendue d'une certaine manière & bornée d'une autre.   Si l'on veut encore difputer fur les mots: *fe doit étendre à toutes les Marchandifes, qui jamais font transportées en tems de paix,* ils doivent être expliqués, comme je crois, de manière: 1.) qu'il ne s'en fuive des

des abfurdités. 2.) qu'ils ne deviennent pas fuperflus & inutiles. Nous avons vû déja §. XII.
que quand ils font pris dans un fens fi vague,
comme dans le Mémoire, il en refulte des abfurdités palpables. Je rémarque à-prefent, que
par cette étendue qu'on leur donne, ils deviennent abfolument fuperflus & inutiles. Car le
Traité en nous donnant une Navigation libre
en général, comme prétend le *Mémoire*, que
fignifient donc ces mots : *qui jamais feront
transportés en tems de paix*; ou fuivant le Mémoire, toutes les Marchandifes *qui font l'objet
du Commerce en général en tems de paix ?* En
tems de paix on transporte toute forte de Marchandifes, dont on trouve l'occafion : La
guerre entre des Puiffances étrangères exclut les
befoins pour la guerre : Si donc un Traité donne la liberté de Commerce & de navigation dans
le fens le plus étendu, il donne néceffairement
la liberté de Commerce *pour toutes les Marchandifes qui font l'objet du Commerce en général en
tems de paix*. Il feroit donc fuperflu, inutile
& abfurde d'avoir mis ces mots en queftion dans
le Traité, s'ils ne marquoient rien autre chofe
que ce qui avoit déja été exprimé en général.
Ces mots *s'y trouvent*, & parcequ'ils s'y trouvent
& *ne font pas abrogés*, ils fervent à marquer
quelque chofe qui differe de ce qui fe comprend
fous la liberté de Commerce & Navigation en

gé-

général. Qu'on demande à Vôtre Avocat, Meffieurs, pourquoi au lieu de l'explication que
les Anglois en font, comme il dit, il n'en a pas
donné une qui put s'accorder avec le deffein du
Traité non feulement, mais avec fon contenu?
Pourquoi au lieu de celle qu'il en donne & qui
fait de ces mots un fon vain, il n'en a pas imagi-
né une, qui marquat en quelque manière la
prévoyance de ceux, qui ont conclu ce Traité
au nom de leurs Maitres?

§. XXI. Pour fe convaincre pleinement que
ces mots ont réellement un fens different de celui qui eft d'ailleurs marqué en général dans le
Traité; on n'a qu'à le comparer, pour ne pas
rémonter plus haut, avec celui qui le précéde.
Dans le Traité conclu à Breda en Juillet 1667.*
entre l'Angleterre & la Hollande, les §§. XI. XII.
XX. XXIV. XXXIV. comprennent quelques
particularités touchant la liberté de navigation
& de Commerce. Mais comme on ne les efti-
moit pas fatisfaifantes à l'importance de cette
liberté, les Anglois & les Provinces-Unies ont
jugé bon d'y ajouter un Traité particulier; &
de regler provifionellement la liberté de Commerce; de forte, qu'elle a été reglée par quelques
articles joints à la fin du Traité de 1667. fous
les

* DU MONT Corps Dipl. T. VII. p. 44. on lit.
Ce transport & ce trafic s'etendra à toutes fortes de
Marchandifes, à l'exception de celles de Contrebande.

les divifions XXVI.-XLIII. & qui furent pris du Traité fait entre la France & LL. HH. PP. voyez Corps Dipl. T. VII. p. 48. 49. Le premier de ces Articles marqué XXVI. revient au même avec le premier dudit Traité de 1674; le deuxieme Article marqué XXVII. renferme auffi le même fens que le 2. du Traité de 1674. à l'exception de ces mots feulement: *neque occafione vel caufa ullius belli infringetur in ullis Mercimoniorum generibus! - - - -, quæ in pace fubvehentur. Ne doit pas être troublée à l'occafion ou à caufe de quelque guerre. . . . qui font tranfportés en tems le paix*; ces mots ne fe trouvent pas dans le 2. Article de ce qui a été ajouté au Traité de 1667. L'Angleterre & la Hollande s'etant alliés après plus étroitement contre les vûes de la Cour de France, ont jugé de devoir prévenir toutes difficultés qui pourroient naitre fur le fujet du commerce & de la Navigation, par un Traité de Commerce conclu le 17. Febr. 1668. * Le premier Article dit la même chofe que le premier Article du Traité de 1674.; & le 2. revient au deuxieme, à la réferve des mots: *être troublé à l'occafion ou à caufe d'une guerre; tranfporté en tems de paix.*

X 5

Pour

* Corps Dipl. T. VII. p. 74. Quæ navigandi commercendique libertas fe extendet ad omnes omnino mercimoniorum fpecies, iis duntaxat exceptis, quæ Contrabanda indigitantur.

Pour le reste on trouve dans ces differents Traités le même contenu.

§. XXII. Que signifient ces mots : *ne doit être troublé à l'occasion ou à cause de quelque guerre - - - qui sont transportés en tems de paix ?* Quelle peut bien être la Raison qu'on les a inserés dans le 2. Article du Traité de 1674., ne se trouvant pas dans le Traité précedent. Dans les Traités de 1667. & 1668. le 2. Article est si général, qu'il déclare le Commerce & la Navigation aussi étendus qu'il est jamais possible. Pourquoi donc a-t-on ajouté ces mots? Asseurement pas, pour ne signifier rien. On le fait ou pour borner un sens trop étendu, ou pour étendre ce qui est trop borné. Lequel des deux faudroit-il ici choisir? Le dernier ne se peut pas. Il ne reste donc, que de convenir, qu'on fait ici une limitation réelle, qui consiste en cela: que comme tous les Traités & conventions sont sujets à des exceptions, qui naissent du changement de l'état des affaires du tems où le Traité fut conclu, ceux qui ont conclu celui-ci, ont voulu pourvoir par ces mots d'un Coté : 1.) qu'aucune guerre, quelle qu'elle s'appelle, puisse servir de prétexte à quelque exception ; C'est pourquoi ces mots: *à l'occasion, ou, à cause de* QUELQUE *guerre.* 2.) qu'aucune sorte de Marchandise puisse servir de prétexte à quelque exception ; car c'est pourquoi il il eſt dit : *ne doit point être troublé en AUCUNE SORTE DE MARCHANDISE* ; d'autre côté, que la liberté indéfinie de navigation & de Commerce, ne ſoit pas un obſtacle pour faire de telles exceptions, que le deſſein, la fin du Traité, pourroient exiger par rapport au commerce & à la navigation ; C'eſt pourquoi il eſt écrit. *que la liberté de commerce & de navigation s'é-tendroit ſur toutes ſortes de Marchandiſes, QUI SONT TRANSPORTÉES EN TEMS DE PAIX.*

D'où il paroit clair comme le jour, que les Contractans n'ont pas voulu ſe couper le chemin de faire de telles exceptions, que la Nature & l'Objet du Traité pût exiger, & dont nous avons parlé §. XII., & que pourtant ils ont voulu y mettre une regle.

§. XXIII. Voila Meſſieurs que tout naturellement ſe decouvre l'objet qu'on enviſageoit par les mots en queſtion : Notre derniere remarque ajoutée à ce que nous avons dit plus haut, nous montre clairement, que les deux Puiſſances avoient pour objet d'empêcher, qu'en cas qu'il s'elevat une guerre entre une de ces deux Puiſſances & quelque autre, cette guerre ne porteroit pas préjudice à la Puiſſance qui eſt en paix, & que d'un autre coté, celle-ci ne donne pas occaſion à porter dommage à la Puiſſance qui eſt en guerre ; que la prèmiere put continuer ſon com-

merce

merce & navigation, comme en tems de paix,
fans être troublée; & que la deuxieme ne foit
pas empêchée dans fes moyens de guerre,
par un commerce, que la prémiere pourroit
faire à l'occafion feulement de la guerre, & qu'elle n'a jamais fait, ni n'auroit jamais pû faire
en tems de paix: le fens des mots en queſtion
eſt fans doute, & ils fignifient *tout commerce qui fe
fait, ou fe peut faire en tems de paix.*   Or il
eſt évident, que l'envoi des Marchandifes, &
le Commerce dans les Places où l'on ne fait rien
ni n'ofe faire en tems de paix, un commerce
que l'ennemi d'un des contractans a toujours
réfervé pour foi même, & le doit garder, &
qu'il peut faire lui même en tems de paix, que
ce commerce dis-je, n'a pas pu être régardé
comme un objet de fon commerce en général,
& par conféquent n'eſt point compris dans le
Traité: ainfi un pareil commerce eſt illegitime,
même fuivant le fens que le *Mémoire* donne aux
mots en queſtion.

§. XXIV. On pourroit prendre encore un
argument de la navigation avec des paſſeports
François, pour démontrer, que les mots: *qui
font transportés en tems de paix, ou, qui font
l'objet du commerce en général en tems de paix,*
régarde le Commerce qui fe fait en vertu des
Traités de Commerce, & non pas celui qui fe
fait en vertu feulement de la permiſſio

d

de l'ennemi, par où nos vaisseaux déviennent en certaine façon soumis à l'autorité des François; & on les prendra pour des François plustôt que pour des Hollandois. On pourroit aisement alleguer encore plusieurs autres raisons de la manière de decliner cette navigation dont les Anglois se plaignent; comment on s'en sert pour faire toute sorte de commerce défendu, comment quelques Marchands & mariniers se servent de cette occasion pour assouvir leur desir de gain, par toutes les voies injustes. Mais à comparer de semblables actions, avec les irregularités des Capres, je pense ne pas devoir les mettre au compte de nos Marchands en général; ni les imputer à la Nation Hollandoises, aussi peu que les abus des Capres à la Nation Angloise.

§. XXV. Prenons ensemble tout ce que je viens de vous proposer Messieurs: qu'est-ce qu'il en resulte? Que conformement au Traité les Hollandois peuvent faire tout commerce dans les ports & les possessions Françoises, dont ils trouvent l'occasion, soit pour propre compte soit pour le compte des François, pourvû que seulement ils ne transportent pas,

1.) des Marchandises Contrebandes.

2.) dans les places investies, assiegées, bloquées. Deux choses, qui sont litteralement défendues dans le Traité.

3.) Ne

3.) Ne point transporter de Marchandise pour le compte François, d'un port de mer François à un autre pour l'y vendre; ce commerce ne peuvant pas être compris dans l'objet du commerce en général.

4.) qu'ils ne prêtent, ni nom, ni vaisseaux, pour aller & révenir pour le Compte François.

5.) qu'ils ne donnent pas de vaisseaux à louage pour procurer aux François la liberté de Navigation à la faveur de la liberté du vaisseau.

6.) qu'ils ne fassent pas Commerce en vertu seulement des lettres de permission de l'ennemi; Mais suivant les Traités de Commerce, qui permettent & justifient le même commerce en tems de paix que nous devons faire aussi en tems de guerre. Ces 4. dernières Conditions derivent de la nature du Traité, de son dessein & de l'état des choses telles qu'elles étoient, lorsque le Traité fut conclu en 1674.

Voilà Messieurs, comme nous pensons, que le Traité doit être entendu & expliqué suivant les Régles du Droit, & que l'auteur du *Memoire* semble avoir negligé.

§. XXVI. Si donc les Anglois l'entendent comme nous venons de voir, ce que vous conviendrez être bien possible, il s'en suit, que les An-

Anglois peuvent prendre & déclarer nos vaisseaux & charges pour de bonnes prises, à mesure qu'ils ne les trouvent pas dans les conditions susmentionnées (§. XXV.) : & supposé qu'ils avoient tort il ne s'ensuit pas, qu'on ait raison de les traiter de sorte qu'on a fait dans le *Mémoire* & ailleurs. On ne sauroit nommer voleur, celui qui prend le bien d'autrui, s'imaginant que c'étoit le sien : ainsi on n'appelle pas non plus, voleurs, brigands, violateurs de Traités &c. ceux qui s'imaginent être autorisés à ce qu'ils font, par les Traités, quoiqu'ils soyent dans l'erreur. Si nôtre droit & la justice de nôtre Cause étoit aussi évidents que les faits des Capres, nous aurions raison de crier contre la Nation Angloise.

§. XXVII. Quant à la navigation à nos propres Colonies, si elle se fait dans les régles susmentionnées, elle aura aussi les mêmes suites que nous y avons montré. Comme l'auteur du *Mémoire* appuye la liberté de cette navigation sur la liberté générale, qu'il soutient, il est seur, que cette liberté en général étant fort mal entendue, elle justifie cette navigation,

au-

autant qu'on l'a elle même trouvée acceptable.
Nous remarquerons feulement ici, que la Navigation dans nos Colonies ne doit pas être
troublée, qu'autant qu'elle fert de prétexte à
un Commerce défendu; & que le foupçon feul
ne donne pas le Droit aux Anglois, de le troubler, mais qu'il y faut des preuves incon-
teftables.

(XXII.)

MEMOIRES

POUR SERVIR 'A

L' HISTOIRE

DE NOTRE TEMS,

PAR-RAPPORT AUX DISSENTIONS PRE-
SENTES ENTRE LA GR. BRET. ET
LA REP. DES PROVINCES
UNIES.

(XXII.)

SUITE TOUCHANT LES PRISES QUE
LES VAISSEAUX DE GUERRE ET LES
CAPRES ANGLOIS ONT FAITS SUR LES
VAISSEAUX DES HABITANS DE
CET ETAT ALLANTS AUX IN-
DES OCCIDENTALES OU
EN REVENANTS.

§. XXVIII.

Entre les chofes les plus difficiles qui
font l'objèt de la jurisprudence , il
faut compter principalement l'explication des Traités; la raifon eft facile à comprendre. Lorfqu'on negocie pour conclure un
Traité, il eft impoffible de tout prevoir & de

pourvoir à tout. Nôtre Raifon bornée & foible n'y atteint pas.   A mefure que les Cas favorifent l'un, il donne aux mots du Traité le fens le plus étendu; c'eft l'effèt de nôtre inclination à l'intérêt perfonel.   L'autre au contraire, qui y trouve des avantages, tache de borner autant qu'il eft poffible la lettre du Traité.   Seroit-ce s'écarter de la vérité Meffieurs, que de dire, que la même chofe eft arrivée en ce Cas-ci.   Pendant que nous crions contre la Nation Angloife, ne peut'elle pas auffi à fon tour fe plaindre de nous, & foutenir, que par une interpretation forcée & perverfe du Traité nous cherchons de lui porter préjudice, au grand avantage des François? Ne fe croiroit'elle pas en Droit de fe plaindre cette manière d'agir plus amérement que vous & les Marchands d'entre nous, qui s'appuyant fur les Traités foit par une idée réellement fauffe, foit par une feinte, font en confequence un **commerce défendu?** ne feroit-ce pas effectivement la prémiere caufe de nos plaintes? Ces exclamations pathetiques ne difent rien ,, fans nous avertir, que deformais on ne ré- ,, garderoit plus au Droit des gens; qu'on ,, n'obferveroit plus les Traités; ils pofent ,, en fait, qu'on nous empêcheroit de na- ,, viger & de commercer aux Isles Françoifes ,, non feulement, mais même à nos propres ,, Colonies en Amerique &c.   Ce langage eft d'autant plus ridicule, que les Anglois peuvent
,, dire

„ dire fur ce même ton ". Sans nous avertir
„ qu'on ne regarderoit plus au Droit de Gens ;
„ qu'on n'obferveroit plus les Traités ;
„ fans déclarer auparavant , qu'on vouloit fa-
„ vorifer le Commerce des François à nôtre
„ grand préjudice, en allant directement aux
„ Isles Françoifes non feulement , mais auffi
„ fous pretexte de Navigation à nos propres
„ Colonies &c. " Tout ce cri ne fait pas plus
d'impreffion fur l'Efprit qu'une pierre jettée dans
l'eau, qui la trouble peu de tems. Nous n'a-
vons que faire , diront les Anglois avec raifon,
de vous avertir à quel commerce , à quelle
Navigation nous nous oppoferons. Le Traité
vous l'apprendra ; fi vous êtes en doute, c'eft
à vous à vous en informer.

§. XXIX. Au refte on ne voit pas qu'on en
ufe fi cruellement & foit fi farouche en Angleterre.
J'entends crier ici aux injuftices! au voleur! & jamais rien de prouvé ; d'autre coté je vois qu'on
y va avec prévoyence , qu'on demande Confeil
des Principaux jurisconfultes, qu'on promet des
primes à qui decouvre ceux qui font des violences
&c. ; j'entends que Mr. York eft chargé de
convenir avec LL. HH. PP. des moyens de
prévenir nos juftes plaintes ; & à confiderer
tout celà, peut-on trouver fujet d'accufer les
Anglois, ainfi que font certaines gens? Suppofé
que nous jugions avoir tout le Droit de nôtre
côté & que les Anglois le jugent auffi , ou

qu'ils

qu'ils en euffent une autre Idée, & que nous ne
puiffions convenir à l'amiable, que devons
nous faire? Crier? injurier? calomnier? of-
fenfer toute une Nation par des paroles odieufes & mordantes? Non. Il faudroit chercher la
feureté de nôtre Navigation dans une force fuffifante; s'addreffer par des memoires plus mo-
derés & moins fcandaleux, ainfi qu'on en trouve dans nos annales, addreffé à ceuxqui le peuvent
effectuer, & alors maintenir nos Droits felon les
regles du Droit des Gens.

Le Droit des Gens dit le Memoire, n'eft pas
encore aboli! foit. Mais quel Droit eft-ce donc
en effence? Non pas un Droit fondé fur le
prejugé de l'un ou de l'autre; mais un Droit
fondé fur les Principes immuables du bonheur
de l'homme, un Droit que le Créateur nous
a imprimé dans le cœur, qu'on trouve par la
vertu & la lumière de la raifon, & que des
efprits penetrans nous ont laiffé par écrit;

Le Traité de 1674. dit le Memoire, fubfifte
encore dans fon entier! il eft vrai. Mais quel
Traité? Un Traité bati fur une foi mutuelle
à l'avantage de l'un & de l'autre: Mais non pas
un Traité qui donne des libertés à l'un, au préjudice de l'autre.

Ce Traité, dit le Memoire, a été expliqué
en 1675 &c. Que dit cette explication? que
nous devons naviger & Commercer dans le
fens le plus etendu, au grand préjudice des
An-

Anglois quand ils font en guerre, & en faveur de leurs ennemis? Nullement. Les Traités ont en veuë une égalité mutuelle, le bien de l'un & de l'autre; & tout ce qui y eft contraire, eft illegitime, haïffable, & puniffable, fuivant le Traité, le Droit des Gens & la bonne foi.

§. XXX. C'eft affez Meffieurs, je penfe, vous avoir demontré, que quoique les plaintes contre les Capres Anglois foient juftes en toute confideration, il eft néanmoins injufte d'en charger toute la Nation Angloife (§. V-VIII.) 2. Que les Tribunaux en Angleterre ne font pas auffi blamables que le *Mémoire* nous veut le faire accroire (§. IX. XXVI. XXIX.) 3. Que la liberté de Commerce & de Navigation eft prife dans un fens trop étendu (§. XII. XXV.) 4. Que cela peut donner & avoir donné occafion aux plaintes que nous faifons. (§. XXVIII.) J'en tire la conclufion, que nous ferons bien de finir nos plaintes par un Accommodement, qui rende le fens des mots en queftion fi clair, que le moindre matelot n'y trouve pas difficulté. Cependant fi vous croyez qu'on vous fait tort, & que vous ayiez fujet de vous plaindre Meffieurs, ayez foin qu'on réconnoiffe dans vos Requettes où Memoires la juftice de vôtre Caufe, plus-tôt que l'aigreur & l'emportement.

Y 3

ME-

❀) o (❀

MEMOIRE,

POUR DEFENDRE LE COMMERCE ET LA NAVIGATION DES HOLLANDOIS AUX INDES OCCIDENTALES,

Contre le précedent Ecrit Anti-patriotique intitulé:

ANTIDOTAL MEMOIRE.

NOus ne pouvons pas trouver étrange que nôtre prémier Mémoire pour défendre & prouver la Navigation & le Commerce des habitans de cet Etat, à nos Colonies non-feulement, mais même aux Isles Françoifes en Amerique, a été examiné par quelques uns & contredit. Nous attendions cet examen & cette contradiction, fur tout du coté d'Angleterre, où on a interêt de nous réfuter; où on devoit entendre le Traité fur lequel nous fondons nôtre Droit, auffi bien qu'ailleurs, & où il ne manque pas des gens habiles, pour decouvrir & démontrer la foibleffe de nos Argumens, pour peu qu'ils foient foibles. Mais pendant qu'à peine publie-t-on quelque chofe contre nôtre Mémoire en Angleterre *; pendant que plufieurs écrits qui paroiffent fur le fujet de nôtre different, font voir une ignorance profon-

de

---

* Réponfe à nôtre Mémoire qu'on attribue à une plume Françoife &c.

de des Traités, sur quoi nous nous fondons *. nous sommes attaqués par nos propres Compatriotes, qui sont plus pour le parti Anglois, que les Anglois mêmes. Nos propres Compatriotes le prennent en mauvaise part, que nôtre grand domage nous touche, ils epuisent l'esprit pour affoiblir les Raisons, qui nous font tant pousser de plaintes ameres contre l'infortune. Nôtre patrie même, qui le croiroit, produit des hommes, qui contribuent au malheur de nous autres Marchands, qu'ils nomment eux mêmes, *la partie la plus considerable de la République, qui comme le ressort d'une Machine donne le mouvement & la vie à l'Etat dans toutes ses differentes parties,* qui nous donnent le tort dans un demêlé, lequel quand il viendroit à être décidé à nôtre désavantage ruineroit beaucoup des plus riches, des plus prévoyans & des plus honnettes Marchands & Assurateurs, & réduiroit à la béface mille personnes qui en prennent leur subsistence. Les gens qui ont entrepris de nous refuter sont d'avis que nous aurions mieux défendu nôtre cause à nous taire; mais nous avons parlé aumoins, aussibien que nous avons pû pour l'intérêt du Commerce, l'ame & le nerf de la République, sans l'etat florissant duquel elle flétriroit & tomberoit. Il semble que ceux qui nous

Y 4

* Voyez, le Magazin des Gentilhommes de Londres, du Mois d'Août & de Septembr. 1758.

nous contredifent machinent la ruine abfolue
de nôtre commerce, c'eft-à-dire, celle de la
République ; comme s'il étoit néceffaire que
nos Concitoyens aidaffent à empecher le Cours
de nôtre commerce & de nôtre Navigation fur
toutes les Mers, ainfi que le veut l'Angleterre.
Ah ? que de tels Compatriotes auroient bien
fait de fe taire, plustot que de s'expofer plus
que les Anglois mêmes, en contredifant
ainfi nôtre Droit bien fondé à une navigation & un Commerce libre ; qui font valoir
les raifons les plus frivoles, parce qu'elles leur
tournent à profit ; & qui voudroient prouver
comme ils ont fait dernierement, que tous les
ports François dans le monde étoient bloqués
par les flottes Angloifes, plustôt que de convenir, que quelque Puiffance neutre ait Droit
à prefent de trafiquer à ces ports François, &
qui rient fous cape, de nous voir fouiller ainfi
dans nos propres entrailles.

§. II. Nous fommes pourtant moins furpris
qu'il y aye entre nous des Patriotes fi pervers,
en jettant la vûe fur divers écrits qui ont paru
depuis quelque tems, & qui contiennent des
chofes à l'avantage des Anglois, que les Anglois raifonnables auroient honte eux-mêmes
de dire. Nous avons l'œil fur l'ouvrage fur tout,
traduit de l'Anglois: *Traité général de la Domination fur mer*, qui eft tout plein de fauffetés

tés palpables a l'avantage des Anglois & au prejudice de nôtre Patrie, sans que le Traducteur,
quelque bon Patriote qu'il affecte d'être, ait été
habile ou assez bien intentionné pour montrer
les faussetés, & sans qu'elles soyent indiquées
dans le *Journal des Savans*, où il se trouve
un extrait de cet ouvrage. On y entend par
exemple un Anglois venter, ou son Traducteur, que la domination des Bretons sur
mer s'étendoit du Centre de Staaten-Land en
Norwegue jusqu'au Cap Finisterre. On hausse
les épaules par compassion de l'egarement de
cet homme; Mais peut-on lire sans dédain,
que cette domination de la Grande Bret. aussi é-
tendue ait été reconnue par nôtre Etat dans le
Traité 1674., sachant au contraire qu'il n'y a
pas un seul mot dans aucun des Traités, ni de
Finisterre ni de la domination Britannique sur
la mer? encore moins que cette domination
soit reconnue par nôtre Etat? On lit dans le
Traité de 1674. que les inimitiés cesse-
roient; & dans le deuxieme, que quand la guerre seroit déclarée ,, des effets amis dans des
,, vaisseaux ennemis ne seroient pas sujets à être
,, déclarés pour de bonnes prises, du coté d'oc-
,, cident du Canal Britannique appellé Sor-
,, lings, jusqu'au Coin de Neuze en Norwegue,
,, de là dans 12. jours; de Sorlings jusqu'à
,, Tanger, dans 6. semaines; jusqu'à la Ligne
,, dans 10. semaines; & dans 8. Mois par tout

Y 5   ,, le

„ le monde ". Mais il fuit de ces mots, que
la domination des Anglois fur mer eſt réconnue,
qu'elle s'etendra de Sorlings, dont l'Anglois ou
fon favant Traducteur fait le *Cap Piniſterre*, juſqu'à Neuze en Norwegue; il s'enfuit avec autant de raiſon, que la domination foit réconn-
nue de s'étendre juſqu'au Tanger, juſqu'à la
ligne, & par tout le monde: abſurdité qui ſau-
te aux yeux, mais qui n'a pas été rémarquée
ni par le Traducteur ni par le Journaliſte.
Il ſe trouve encore une autre fauſſeté dans cet
ouvrage: On y lit, que cet Etat avoit conclu
un Traité avec Cromwel le 15. Novemb. 1653.
dans le XV. & XVI. article duquel on avoit
réconnu la Souverainité des Anglois fur les mers
Britanniques. Mais premierement il eſt faux,
que nôtre Etat ait conclu un Traité avec Cromwel le 15. Nov. 1653. Le Traité avec Cromwel fut conclu le 5-15. Avril 1654. Et puis,
il eſt faux que la Souveraineté des Anglois fur
les mers Britanniques eut été reconnue. Dans
le XIII. Article de cet Ouvrage, ou lit ſeulement, que pour ce qui eſt de baiſſer le pavillon on obſerveroit l'ancienne Coutume: il n'y
eſt rien dit de Souveraineté. L'ecrivain brou-
ille les pretentions outrées de Cromwel, avec
le Traité conclu: ce que ſon Traducteur n'a
pas remarqué ou n'a pas voulu rémarquer. Une
troiſieme fauſſeté dans ce Traité eſt, que l'Article XV. du pretendu Traité du 15. Novemb.
1653.

1653. se trouvoit auffi dans le Traité fait à Breda 1667. avec Charles II. Mais qu'on life ce Traité d'un bout à l'autre, ou l'extrait que cet écrivain en a fait, on n'y trouvera rien qui reffemble à une réconnoiffance de Souverainité des Anglois fur mer. Cependant la traduction & la publication de pareilles fauffetés au préjudice des Droits de nôtre propre patrie, fans les réfuter, marque que nous avons des Compatriotes qui font pour les Anglois à la fureur, & qui publient des fauffetés pernicieufes, pour rendre fervice aux Anglois, & dour remplir de préjugés les inexperts, contre ce que les Marchands alleguent pour la liberté du Commerce & de la Navigation.

§. III. C'eft pourquoi nous avons moins trouvé étrange maintenant, qu'il feroit erigé auffi un ecrivain de nôtre pais contre nôtre *prémier Mémoire* qui, dans un *Antidotal Mémoire* ainfidit, donne à connoitre qu'il a plus à cœur les Droits vrais ou imaginaires de la Nation Angloife que les Droits de fa propre Patrie; qui tache de nous perfuader même, que l'intérêt des Anglois nous touchoit de plus près que le nôtre propre. Combien cela fied peu à un Concitoyen de cette République fe montre de foi même, & nous examinerons dans ce fecond Mémoire avec la Moderation & l'exactitude réquife, avec quel fondement cela s'eft fait.

§. IV.

§. IV. L'Auteur de *l'Antidotal Mémoire* fait connoitre assez clairement qu'il est *Juris Consulte*. Un Jurisconsulte, & principalement versé dans le Droit public, est fort propre & en Droit de juger du different, pourvû qu'il ait aussi quelque connoissance generale au moins, de la Nature de nôtre Commerce, & qu'il sache ce qui s'est passé par rapport au cas present. Sans une connoissance generale de la Nature de nôtre Commerce on ne sauroit comprendre le Traité de Marine de 1674. dont il s'agit; & sans une connoissance en gros au moins, de ce qui s'est passé, & ce qui a donné sujet à nos Marchands de se plaindre, & par où ils prouvent la justice de leurs plaintes, il est impossible de juger si on leur fait tort ou non. Mais l'Auteur de *l'Ant. Mem.* quelque grand jurisconsulte qu'il soit, entend moins de nôtre Commerce que les gens de nos Comptoirs. Il le décrit sur l'instruction d'autres gens, & par malheur il est fort mal instruit, comme nous ferons voir. Il est aussi peu instruit, selon son propre aveu, de ce qui s'est passé presentement, autrement il ne demanderoit par les preuves de ce que nous avons prouvé il y a long-tems, en son lieu, & que nous n'avons pas inseré dans nôtre *prémier Mémoire*, pour ne pas l'etendre inutilement & le rendre moins propre à être lu. Nous ne posons rien dans nôtre *prémier Mémoire* sans le prouver, à moins qu'il soit generalement connu nu, par exemple, qu'on nous a pris quantité de vaiffeaux qui n'avoient point de munition de guerre à bord, & qui n'alloient pas dans des ports affiegés ou bloqués. La raifon que nôtre jurifconfulte ne fait pas cela, c'eft peut-être, qu'il mene une vie folitaire, paffant la plus grande partie de fon tems à lire. Nous autres qui frequentons tous les jours les Bourfes d'Amfterdam, de Rotterdam & Middelbourg, en favons & fentons quelque chofe de plus. Monfieur le jurisconfulte auroit dû fe faire mieux inftruire avant que d'entreprendre de nous refuter. Nôtre *premier Mémoire* a pour objet feulement de demontrer, que les prifes des vaiffeaux qui n'ont pas de munition de guerre à bord, ni vont à des places affiegées ou bloquées, repugne abfolument au Traité de 1674., & nous croyons avoir fatisfait à nôtre Texte. Mais voyons ce que l'Auteur de l'Antidotal Mémoire trouve à critiquer dans nôtre premier Mémoire.

§. V. Il fait une diftinction jufte entre domage & injuftice, & il nous foutient, que le premier pourroit arriver, fans que nous puiffions nous plaindre du fecond; & il repete cette leçon. Mais c'eft peine perdue à l'egard de nous. Nous reconnoiffons la juftefse de fes diftinctions. Auffi ne nous fommes nous pas plaints, dans nôtre *premier Mémoire* ni ailleurs, feulement *du domage que nous fouffrons*, mais *du dommage que nous fouffrons à tort & contre le Trai-*

té.

16. Suppofé qu'à quelqu'un de nous (ce que
nous ne favons pourtant pas, qu'il foit arrivé)
il eut été pris par les Capres Anglois un vaiffeau chargé de munitions de guerre, deftiné aux
Isles Françoifes, il auroit *dommage* feurement,
mais fi nôtre auteur s'imagine que celui là s'en
plaindroit aux Etats du pa's, à S. A. R., il fe
trompe groffierement.   Convaincu d'avoir agi
contre les Traités, il fouffriroit ce dommage
fans en rien témoigner, & s'il eft fage, il fe garderoit bien à l'avenir d'agir contre les Traités.
Nous ne nous fommes plaints à S. A. R. & aux
Hauts Regens, que *du dommage* à nous fait *à
tort* & contre la foi des Traités.   Nous n'a-
vons point cherché de grace, mais nôtre Droit,
& c'eft ce que nôtre Refuteur auroit du favoir,
(ce qui lui étoit facile de favoir) avant que d'entreprendre de nous refuter.

§. VI. Il prend de mauvaife part, que
nous confondions, comme il dit, *ce que font
les Capres avec ce que font les vaiffeaux de guerre.*   Il eft vrai; & pourquoi ne le ferions nous
pas? Nos vaiffeaux des Indes Occidentales n'ont
ils pas été pris par les vaiffeaux de guerre auffi-
bien que par les Capres? Ne devons nous pas
nous plaindre des uns comme des autres? Nôtre Jurisconfulte dans fa folitude femble n'avoir
d'autre connoiffance des faits des Capres, que
leurs pillages de tous les vaiffeaux neutres fans
diftinction; Nous n'en avons parlé dans nôtre

pre-

premier Mémoire qu'en passant, nôtre objet était sur tout de montrer l'injustice des prises de nos vaisseaux, par les vaisseaux de guerre aussi bien que par les Capres.

§. VII. Mais nous avons mal fait, d'imputer tout le mal que nous font les Capres, à la Nation Angloise. Et pour quoi donc? Notre Jurisconsulte nous instruit, qu'on ne peut imputer une action à qui ne l'a fait lui même ou qui y ait ait donné acheminement, ou qui l'ait approuvé, ou y a pris part après coup, ou qu'il y ait pris part &c. Mais supposé que cela soit; il est question au moins, si les sentimens des Anglois, si la Resolution de la Régence même d'Angleterre, telle qu'elle a été déclarée par l'Envoyé York aux Commissaires de leurs HH. PP., & le reglement du 27. May 1756. touchant les Capres, qui est public, n'ont donné acheminement, que nos vaisseaux des Indes Occidentales ont été pris? Ces prises ne sont elles pas approuvées par la Nation Angloise? Cela ne paroit-il pas suffisamment par les sentences des Tribunaux Anglois? La Nation ne prend-elle pas part aux avantages qui vient des vaisseaux enlevés & déclarés pour de bonnes prises? Mais pour ne pas nous arrêter à cela, quoique nous ne nous estimions pas jurisconsultes, non obstant se trouve dans nôtre Corps des jurisconsultes & des juges, & nous savons assez du Droit de Nature pour dire à nôtre

Ju-

Jurisconfulte , que fa pofition des requifites necessaires, pour imputer une action à quelcun eft defectueux.   Il paffe fous filence une des plus effentielles conditions: On peut imputer auffi une action à celui qui a Droit, pouvoir & obligation de l'empêcher , & qui ne l'empêche pas.   C'eft là le cas où fe trouve la Regence d'Angleterre.   Elle eft obligée à obferver les Traités faits avec nôtre Etat, & par-confequent auffi le Traité de 1674., auquel nous provoquons.

(XXIII.)

MEMOIRES

POUR SERVIR 'A

L'HISTOIRE

DE NOTRE TEMS,

PAR-RAPPORT AUX DISSENTIONS PRE-
SENTES ENTRE LA GR. BRET. ET
LA REP. DES PROVINCES
UNIES.

(XXIII.)

SUITE DU MEMOIRE POUR LA DE-
FENSE DU COMMERCE ET DE LA NA-
VIGATION DES HOLLAN-
DOIS AUX INDES OC-
CIDENTALES.

LA Nation a *droit* de reprimer ses sujets qui violent le Traité: & comme elle en à le pouvoir, il paroit d'abord qu'elle l'approuve. Elle pourroit promettre des primes à ceux qui decouvrent les violateurs des Traités & les punir, selon le XIV. Article du Traité, mais elle n'en fait rien. La Nation Angloise, la Régence même donc, prend part au mal que leurs Capres & leurs vaisseaux de guerre nous font. L'imputation de ces maux qu'on

Z   ne

ne cesse de faire à la Nation & à la
Régence Angloise, est tout autre chose que
l'imputation du *massacre des Chinois aux Marchands* Hollandois, ou d'un vol de nuit dans
notre maison, ou à nos païsans. Les Marchands
Hollandois n'ont jamais eu Droit, où Puissance,
& Obligation d'empêcher le Massacre de Chinois: Ni nos gens, de prevenir un vol de nuit
dans nos Maisons. Ces deux Comparaisons de
nôtre Jurisconsulte clochent donc bien fort ;
Une troisieme qu'il emploie est d'une autre
nature, il pretend que dans un Etat bien ordonné on ne pouvoit pas imputer les brigandages au Magistrat. Et nous estimons au contraire que les pillages &c. continuelles & qui
regardent tout un Corps d'hommes, (comme
c'est là le Cas,) sans que le Magistrat emploie
les moyens necessaires pour les réprimer, sont
à imputer justement au Magistrat. qui sans
doute a Droit & obligation de defendre les
bourgeois contre les outrages, pourvû qu'il ne
manque pas de forces. Notre auteur raille en
demandant: ,, si desormais les Anglois ne de-
,, voient plus laisser de Capres sur mer, ou s'ils
,, devoient les faire conduire par des vaisseaux
,, de guerre pour veiller qu'ils ne nous fassent
,, pas de mal ''. Non mon fin Monsieur,
Mais nous demandons reparation du domage
qu'on nous a fait & seureté pour l'avenir. Et
nous le demandons avec raison d'une Nation
qui

qui en toutes les occasions vante l'étroite alli-an-
ce, faite depuis long-tems avec nôtre République,
d'une Nation qui se vante plus qu'aucune autre
de sa foi à garder les Traités, qui ne hésite pas
de donner trop legerement à d'autres le nom de
perfides. Nous ne repondrons pas à ce que notre Jurisconsulte Hollandois avance, que quelques-uns de ses Compatriotes avoient part avec
les Capres Anglois, & qu'il y avoit eu un
tems, où nous avions fait à d'autres Nations
neutres ce que les Anglois font maintenant à
nous; il faut qu'il prouve ce qu'il suppose
si inconsiderement: mais nous nous assurons
par des raisons très bien fondées qu'il ne le
pourra jamais. Il semble que nous vivons dans
un siecle où on peut noircir librement sa propre Nation, pourvûque seulement on defende
les Anglois.

§. VIII. Cependant nôtre Jurisconsulte qui
accuse ici sans rien prouver, pretend que
nous devons prouver, ce que nous avons
prouvé il y a long tems, & publié imprimé en
partie. Qu'il lise les *Listes de la Ville d'Amster-*
dam des Vaisseaux qui ont été pris dans leur
voyage aux Indes Occidentales, ou au rétour,
par les Anglois. Elles sont imprimées à *Amster-*
dam chez Jacques Hoff. 17·8. *fol.* S'il veut
examiner les preuves faites selon les regles de
Droit & dans les formes par serment, qu'il aille au Greffe de LL. H. H. P. P. où elles ont

été remifes le 27. Juin par une deputation expreffe de nôtre part.   Pourquoi demande-t-il
donc des preuves de ce qui a été prouvé, & de
ce qui s'eft paffé depuis, & qu'on peut prouver
à tous momens? Londres même & plufieurs
ports de la Gr. Bret. où il y a encore beaucoup
de nos vaiffeaux enlevés avec leur carguaifon,
peuvent attefter qu'ils n'ont pas fait un Commerce defendu, qu'ils n'ont pas eu à bord des munitions de guerre, comme il paroit par les lettres
des vaiffeaux auxquelles feules nous affigne le Traité.   Quelle autre preuve pretend-t'il donc que
nous avons agi conformement au Traité de
1674. & que nous ne nous plaignons que du
tort qu'on nous a fait? Il dit (nôtre Auteur)
qu'il *ne vouloit pas nous contredire que nous*
n'ayons fouffert quelques injuftices, parcequ'il n'e-
toit pas fuffifamment inftruit.   Mais il auroit
du *fe faire inftruire* de chofes generalement
connues, avant que d'entreprendre de nous refuter.

§. IX. Mais le Jurifconfulte ne convient pas
que nous devions transporter toute forte de
Marchandifes, à l'exception de Munitions de
guerre, d'une place à toutes les autres, par tout
le monde, excepté celles qui font affiegées ou
bloquées.   Il ne convient pas, que les vaiffeaux qui fe font tenus dans ces bornes, ayent
été pris injuftement.   Il prétend que nous
avons foutenu le contraire dans nôtre *premier*

Mé-

Mémoire, par le but, par le contexte, & la signification propre des mots du Traité de Marine
de 1674., nommement le I. & II. Article ;
que nous y avons employé 8. pages de p. 2. à 9.
La peine qu'il a trouvé à réfuter nos preuves
est la principale raison apparamment, qu'il n'a
pas repondu un seul mot à toutes ces pages,
qui font la partie la plus grande & la plus considerable de nôtre *Mémoire*, & qu'il dit avec
une asseurance d'Avocat: *que l'Auteur du Mémoire n'avoit absolument rien de quoi appuyer
son sentiment*, & que nous donnions tout un
autre sens aux mots du Traité que les Anglois,
sans rien demontrer. Mais si nôtre Avocat est
accoutumé à refuter les arguments du plus
grand poids de ses parties adverses, par un
simple *vous n'avez rien dit, rien du monde*,
il faut qu'il trouve des juges fort favorables
pour jamais lui donner gain de cause. Nôtre jurisconsulte demeure donc en reste, s'il
croit avoir repondu à nôtre *premier Mémoire*:
nous croyons l'avoir refuté. Mais comme nôtre
different depend principalement des deux premiers Articles du Traité de 1674., voyons si
nous ne pouvons pas mettre dans un plus grand
jour le sens de ces deux Articles. Cela fait
& ayant montré l'absurdité de l'explication qu'en
fait *l'Antidotal Memoire*, nous aurons un autre
compte à ajuster avec nôtre jurisconsulte.

Z 3   §. X.

§. X. Le Traité de Marine de 1674. qui
suivant l'introduction a été fait *pour être obser-*
vé PAR TERRE ET PAR MER , DANS
CHACUNE ET DANS TOUTES LES PAR-
TIES DU MONDE , permet dans le I. *Arti-*
cle, quand l'une des deux Puissances est enga-
gé dans une guerre DE NAVIGER, TRA-
FIQUER ET NEGOCIER EN TOUTE
LIBERTÉ ET SURETÉ dans tous les Royaumes & Etats qui sont en paix avec elle, en a-
mitié & neutralité, quoique ces Etats & Royaumes soient en guerre avec la premiere de ces
Puissances. Suivant le II. ARTICLE, CETTE
LIBERTE DE NAVIGATION ET DE
COMMERCE S'ETEND SUR TOUTES
LES MARCHANDISES , QUI JAMAIS
SONT TRANSPORTÉES EN TEMS DE
PAIX, excepté, *des Munitions de guerre, Sol-*
dats, chevaux &c. qui sont denombrés dans
le III Article. Suivant le IV. il n'est pas défendu de transporter *des vivres, des etoffes pour*
les habillemens, des habits de toutes sortes , de
l'argent, des metaux DE FER MÊME, ET DE
PLOMB, DES MATERIAUX POUR LA
CONSTRUCTION DE VAISSEAUX ET DE
BESOIN POUR LES VAISSEAUX, dans
toutes les places qui ne sont pas assiegées, bloquées ou investies. Dans le VIII. Article il est
déclaré, que ces Marchandises libres ne seroient
pas sujettes à la Confiscation, ou à être declarées
pour

pour de bonnes prifes, quand même elles appartiendroient aux ennemis, pourvû qu'elles
fuffent à bord d'un vaiffeau apartenant aux fujets de l'autre Puiffance; Ou pour le prendre
plus court: *que le vaiffeau rend libre la mar-*
chandife. Voilà le principal du Contenu du
Traité de Marine de 1674. en ce qui regarde
nôtre different. Faifons là-deffus quelques courtes
Réflexions.

§. XI. Qu'on rémarque, I.) que deux chofes, *Navigation & Commerce,* font diftinguées
dans ce Traité; dans le I. Article en termes François *Navigation & Commerce,* & dans le II.
en termes Hollandois *Vaart* en *Handel.* *Na-*
viger eft l'affaire des Mariniers, qui ont été
loués, pour transporter les Marchandifes des
autres d'une place à l'autre dans leurs vaiffeaux
ou dans ceux des proprietaires: ce qu'on appelle *op vragt vaaren; Negocier,* ou comme il eft
exprimé dans le II. Article,, *faire Commerce,*
cela eft, acheter, troccquer, ou par quelque
autre voie acquerir les marchandifes, dans une
place, & d'en faire ufage, ou de les vendre
dans une autre, & cela fe fait ou pour fon propre
compte, ou pour le compte d'autrui. Le
Commerce, pris dans un fens étendu comprend *naviger & commercer* enfemble. Dans
un fens plus etendu il comprend auffi la pêche,
les fabriques & les manufactures. Mais ces
trois fortes de commerce ne nous regardent

Z 4 pas

pas ici. Nous raifonnons fur un Traité de
Marine, où il n'eft queftion que de la navigation & du Commerce fusmentionnés.

En *deuxieme lieu* nous remarquons, que le
Traité permet aux fujets de l'une des Puiffances,
de *naviger*, c'eft à dire, avec des vaiffeaux à louage, à toutes les places & auffi à celles qui font
en guerre avec l'autre Puiffance, pourvû quelles ne foient pas affiegées, bloquées &c.; &
d'en tranfporter toutes fortes de Marchandifes,
qui jamais font tranfportées en tems de paix,
excepté des munitions de guerre. Le *commer-*
ce de toutes ces Marchandifes & dans toutes ces
places, eft pareillement permis dans le II. Article. *En troifieme lieu*, ajoutons encore, que
dans *l'Article* VIII. toutes les Marchandifes à
l'exception des munitions de guerre font décla-
rées libres, quand elles font à bord des vaiffeaux des fujets de l'autre Puiffance.

§. XII. De ces trois fimples remarques fondées fur la lettre expreffe du Traité, il derive
tous les Droits que nous foutenons d'avoir de
Commercer aux Isles Françoifes en Amerique.

Le Cas marqué dans le Traité exifte en effet
maintenant: L'une des Puiffances contractantes,
favoir la Gr. Bret., eft en guerre avec la France;
pendant que l'autre, favoir nôtre Etat, eft en paix
& neutralité avec la France. Qu'eft-ce donc
que nous faifons dans ces circonftances? Nous
navigeons, c'eftà dire nous donnons nos vaiffe-

aux

aux à louage pour le Transport aux Isles Françoises. Nous négocions, c'est-à-dire nous
faisons commerce dans ces Isles. Mais *naviger*
& commercer dans chaque & toutes les parties
du monde n'est il pas permis en propres termes
& bien clairs dans le Traité? & même aux places ennemies, pourvû qu'elles ne soient pas assiegées ou bloquées &c.? Les Isles Françoises
ont'elles été jusqu'aprésent assiegées ou bloquées?
Comment aurions-nous donc pu y *naviger &*
commercer comme nous avons fait? Bien loin
qu'en Angleterre même on eut entendu le Traité comme s'il defendoit le Commerce & la
Navigation aux places ennemies, il a été établi
entre les deux Puissances, dans l'explication
qu'on en fit 1675. qu'on pouvoit *naviger &*
commercer seurement & librement d'une place
ennemie à l'autre *.

§. XIII. Qu'est-ce que nous faisons de plus?
Nous transportons, & trafiquons des produits,
fruits &c. des Isles Françoises? Mais ces produits sont-ils des Munitions de guerre? Ou
portons nous des munitions de guerre dans les
Isles Françoises? Si l'on nous prennoit des vaisseaux qui en portoient, & qu'on les declarât
pour de bonnes prises, nous aurions mauvaise
grace de nous plaindre, nous reconnoitrions
nous mêmes, en rougissant, qu'on en a
usé avec nous très legitimement & suivant les
Z 5 Trai-

* Voyez Corps Dipl. Tom. VII. P.I. p. 319.

Traités. Mais qu'on laisse aller librement (suivant le Traité de 1674. Art. VI. & VIII.) les vaisseaux pourvûs de leurs passeports & certificats qu'ils n'ont pas de munitions de guerre à bord, ou qu'on les relache aussi-tôt avec leur charge, si contre toute attente, ils ont été pris & emmenés. Mais nous faisons davantage: Nous transportons les Marchandises Françoises pour le Compte François. Cela ne nous est-il donc pas pleinement permis dans le VIII. Article du Traité? Cet Article ne dit-il pas, que des effets ennemis sont libres à bord de vaisseaux amis? En quoi nôtre commerce aux Isles Françoises en Amerique repugne-t-il donc aux Traités? En quoi est-il donc declaré illegitime, par quel point du Traité? Bien loin de là, au contraire tout le Traité, & nommement l'introduction, & les Articles I. II. III., permettent clairement & expressément le Commerce & la navigation, en tout port non fermé.

§. XIV. Le principal de tous ces Raisonnemens a déja été compris plus amplement dans nôtre *premier Mémoire*. L'auteur de *l'Antidotal Mémoire*, n'y a rien trouvé d'essentiel pour y repliquer, à la reserve d'un seul point, touchant nôtre opinion du II. Article. Que fait-il donc? Il met premierement quelques Regles de l'explication des Traités; dont il veut faire voir, que nous avons expliqué faussement le Traité de 1674. & il donne, *deuxiémement*

un

un autre explication au II. Article, selon laquelle le commerce & la navigation aux Isles Françoises ne doit pas être permis. Voyons ce qu'il en dit?

§ XV. Ses *Regles* pour expliquer les Traités sont 6. en nombre.

1º) *Que de l'explication il ne suive pas des absurdités.*

2.) *qu'ils doivent être expliqués conformément aux vûes de ceux qui les ont conclus.*

3.) *qu'en cas d'obscurités il falloit examiner quel pourroit avoir été le but des partis contractans.*

4.) *que l'explication des Traités comme celui de 1674. devoit être telle, que L'EGALITE' soit observée entre les deux partis contractans.*

5.) *qu'il falloit supposer, que les choses soyent demeurées dans le même état qu'elles étoient, lorsque le Traité fut conclu, parcequ'il n'etoit pas à présumer, que c'etoit l'intention de garder toujours la même promesse, quand les circonstances ont changé.*

6.) *Qu'en cas qu'il y ait quelque obscurité ou inconvenient, l'explication devoit tendre à l'avantage de celui qui y perdroit plustôt, que celui qui y gagneroit.*

§. XVI. Voilà les six Regles de notre juris- consulte, qu'il donne pour des *Axiomes* qui n'ont pas besoin d'être prouvés, & qu'il ne **prouve** que par sa propre sentence juridique,

ça & là ; ce qui ne convient pas affeurement,
à un homme qui nous preffe tant de prouver
des faits qui font deja connus à tout le monde.
Il feroit, fans doute, fort embarraffé fi nous
le preffions à nôtre tour de prouver la vérité de
fes 6. Regles, mais nous le lui epargnerons.
Nous lui accorderons autant que nous pourrons
de fes règles.   Le tout dependra de l'application.

§. XVII.   1.) Nous convenons de la premiere Regle.   Mais quelle *abfurdité* y a-t-il
donc dans notre explication du Traité? Celle-ci felon nôtre jurisconfulte.   „ La Gr.
Bretagne dit-il, a en vue d'empêcher & de
„ ruiner le Commerce de la France, &
nous tachons de le favorifer par nôtre explication.   Mais fuppofé que la Gr. Bret. eut
effectivement ce projet elle ne pourroit pas
l'executer à moins de s'être rendu maitre de
la Domination generale fur mer ; fur quel
fondement donc l'Angleterre pourroit-elle.
s'attendre de ruiner le Commerce de la France tant que les Traités fubfiftent? Ne paroit-
il pas au contraire, qu'on ne s'attend pas
encore à cela en Angleterre, parceque la
Navigation de vaiffeaux neutres qui vont en
France & en reviennent n'eft pas encore abfolument empêchée?   Par quoi montrons
nous de vouloir favorifer le Parti de
la France? Ne reconnoiffons-nous pas d'ê-
tre

tre obligé à ne pas apporter des munitions de guerre à la France, & ces munitions de guerre ne sont-elles pas une branche considerable du commerce de la France, surtout en tems de guerre? Le Commerce de la France decline donc de soi-même en tems de guerre. Elle est donc obligée de se servir à son grand dommage de nos vaisseaux & de ceux d'autres Puissances neutres pour faire une partie de son Commerce, & de nous payer comme aux autres le transport que ses vaisseaux marchands pourroient eux-mêmes gagner. Cela n'empêche, ne ruine-t'il pas extremement le Commerce de la France? Quel est donc le but du Traité? Asseurement pas de couper absolument la gorge à l'ennemi, & de le faire perir de faim & de misere. Si cela avoit été l'objèt du Traité, il n'auroit pas accordé en termes exprès de porter des vivres & d'autres besoins aux places ennemies, comme dans l'Article IV. Nôtre application du Traité, qui est que nous pouvons faire *quelque* ou si l'on veut *tout* commerce qui n'est pas defendu dans le Traité, aux places Françoises & pour le compte François, n'est donc pas absurde; mais elle est fondée sur la lettre expresse du Traité.

2.) Nous acceptons aussi la deuxieme regle. Il faut expliquer les Traités conformément

aux

aux vûes de ceux qui les ont conclus. „ Mais,
„ dit nôtre écrivain, L'Angleterre ne peut
„ pas avoir eu l'intention que nous dévions
„ entierement affeurer le Commerce des Fran-
„ çois & de le fouftraire de la Puiffance des
„ Anglois ". Ce que nous avons à repliquer à cela, eft deja compris dans la reponfe
à la premiere regle. Nous ne voulons pas
affeurer le commerce des François *en general*;
nous n'avons pour objet que nôtre propre
avantage de *quelque* ou pour mieux dire de
tout commerce permis avec la France, des
effèts uniquement, & aux places, dont la
Navigation & le Commerce font permis &
libres felon le Traité. Comment peut-on
dire que nôtre application du Traité ne
repondroit pas à l'intention des contractans, qui fe font fi clairement exprimés,
& à laquelle notre opinion eft toute
conforme?

3.) La troifieme Regle, *qu'en cas d'obfcu-*
rité il falloit examiner quel a été le but
des Contractans, paffe auffi. Mais il paroit par les termes bien clairs du Traité
même, que les deux Puiffances ont eu
en vûe, que quand une d'elles feroit en
guerre, l'autre pourroit *naviger, trafi-*
quer librement & feurement en toutes les
places qui ne font pas affiegées ou bloc-
quées,

quées, & mener toute forte de Marchandife, excepté des munitions de guerre. Elles ont bien prevu que les ennemis de l'une des Puiffances en tireroit quelque avantage. Mais elles l'ont bien voulu permettre en faveur de l'autre Puiffance en paix, comme cela fe prouve indubitablement par les Articles IV. VI. & VIII.

4.) Nous acceptons auffi la quatrieme Regle, *que dans l'explication des Traités comme celui de 1674. l'égalité doit être obfervée.* Mais que s'enfuit-il ? Non pas, comme pretend nôtre jurifconfulte, que nous ne devions pas caufer un plus grand prejudice dans ce cas prefent, aux Anglois que nous n'en tirons avantage; mais que nous devons laiffer le Droit aux Anglois quand ils font en paix & que nous fommes en guerre, de naviger & commercer avec la même liberté & feureté aux païs de nos ennemis. N'eft-ce pas là une egalité, etablie en termes exprès dans les VIII. premiers Articles du Traité ? Le jurifconfulte rémarque juftement, que le Traité *envifageoit un avantage mutuel.* Mais il ne veut pas que l'une & l'autre

des

des Puiffances jouiroit de cet avantage *en un même tems.* Les mots font clairs, que la Puiffance qui eft en paix, doit tirer tel avantage du Traité, que ne peut pas tirer celle qui eft en guerre. Les Anglois en ont profité quatre ans de fuite dè 1655-1658, pendant que nôtre Etat étoit en guerre avec la France. C'eft nôtre tour à-prefent, d'en profiter, fi *l'egalité* doit être obfervée: avantages doivent être reciproqués, tels qu'ils font établis dans le Traité.

(XXIV.)

MEMOIRES

POUR SERVIR 'A

L'HISTOIRE

DE NOTRE TEMS,

PAR-RAPPORT AUX DISSENTIONS PRE-
SENTES ENTRE LA GR. BRET. ET
LA REP. DES PROVINCES
UNIES.

(XXIV.)

SUITE DU MEMOIRE POUR LA DE-
FENSE DU COMMERCE ET DE LA NA-
VIGATION DES HOLLAN-
DOIS AUX INDES OC-
CIDENTALES.

5.)

Nous ne pouvons nullement accorder la 5. Regle: savoir, de supposer *que l'état des affaires devoit être le même qu'il étoit lorsque le Traité fut conclu.* Nôtre adversaire l'a cru prouver par un exemple qui n'est pas applicable à ce different. Nous lui accordons, que quand il donne à un autre ses terres *à louage*, pour un certain tems, & que pendant le tems que dure le

louage

louage il obtient une autre par heritage, elle
n'eſt pas compriſe dans le louage des pre-
mieres, il eſt vrai; la choſe parle d'elle même.   Il veut l'appliquer à ce cas, parceque
dit-il, par le Traité il étoit accordé à la Puiſſance en paix, la navigation & le commerce
dans une partie du monde, & qu'elle excedoit
ces bornes.   Mais ce n'eſt pas là le different.
Nous pouvons, ſuivant la lettre expreſſe du
Traité, naviger, trafiquer, *dans tous les*
Royaumes, païs & Etats, dans chaque & tou-
tes les parties du monde, aux places mêmes
aſſujetties aux ennemis de la Gr. Bret. pourvû
qu'elles ne ſoyent pas aſſiegées ou bloquées
&c. comme on peut voir dans le I. & IV.
Article comparés avec le XVI. & l'introduction.   Les Isles Françoiſes en Amerique n'y
ſont elles donc pas compriſes? N'etoient elles pas au monde alors auſſi bien qu'àpreſent?
quel rapport y a-t-il donc de cet exemple
des terres louées de nôtre juriſconſulte au cas
en queſtion? Son locataire n'a droit qu'aux
terres qui lui apartenoient lorſque le Contract de louage fut conclu; il auroit donc
mal fait d'en demander d'avantage.   Nous
avons droit de naviger & trafiquer par tout
le monde, & nous ne voulons pas étendre
plus loin nôtre commerce & navigation.
„ Mais dira-t-on, lorſque le Traité fut con-
„ clu, vous n'aviez pas Droit de trafiquer
aux

„ aux Isles Françoises aux Indes Occidenta-
„ les, le Roi de l'Angleterre ne pouvoit donc
„ pas songer à vous permettre ce commer-
„ ce". Cela est vrai. Mais s'ensuit-il que le
Traité défend ce commerce, parceque par ce
Traité le Roi de Gr. Bretagne n'avoit pas le
Droit d'envoyer un vaisseau d'Assiento dans
la Mer de Sud. Nous ne pouvions donc pas
songer à défendre ce Commerce à la Gr.
Bretagne. Mais, lorsque quelque tems après,
à la paix d'Utrecht, la Gr. Bret. reçut ce
Droit, on ne nous a jamais montré, ou pu montrer avec quelque ombre de vérité, que cette navigation n'etoit pas permise selon le
Traité. Non asseurement. Ainsi les Anglois peuvent-ils avec aussi peu de Droit
demontrer, qu'il y ait une Place au Monde
où nous n'avions pas la liberté de commercer & naviger en vertu du Traité de 1674.
si ce n'est une place assiegée, ou bloquée.

6.) La sixieme Regle, qu'en cas *qu'il y ait
quelque obscurité ou inconvenience dans le
Traité; il devoit être entendu à l'avantage
de celui qui y perdroit plutôt, qu'en faveur de
celui qui y gagneroit*, n'est pas acceptable non
plus. Mais la manière avec laquelle notre
jurisconsulte propose cette regle merite quelque rémarque. Nous avons toujours sou-
tenu que le Traité étoit tout clair. Nôtre
Adversaire, qui jusque là avoit toujours parlé

d'ob-

d'obscurité & *d'explication*, semble ici être pareillement convaincu de la clarté du Traité, car il craint de ne pas pouvoir satisfaire par la supposition seulement *d'obscurité* dans le Traité, il ajoute encore *inconvenience*. Et quelle *inconvenience* y trouve t-il? Celle-ci uniquement: que suivant nôtre Idée le Traité nous permettoit une navigation & un Commerce, qui en nous portant quelque avantage favorisoit beaucoup les ennemis de la Gr. Bret. au grand prejudice des Anglois. Il faut que nous avouons, que nous fumes surpris en lisant la premiere fois ce passage. Est-ce là, pensions nous, l'homme qui prend en mauvaise part, que nous nous plaignons du domage que nous font les Anglois? qui prétend que, pour l'amour des Anglois, nous regardions comme *inconvenable* un point du Traité qui nous est avantageux dans les Circonstances presentes? L'intérêt des Anglois le touche donc plus que celui de sa patrie; C'est donc un Anglois, & un Anglois des plus iniques plustôt qu'un Hollandois. Nous ne devons pas nous plaindre d'être maltraités contre la foi des Traités; & les Anglois à qui la lettre claire du Traité est contraire, en certaines circonstances, ont Droit de se plaindre non seulement, mais il faut aussi regarder les points du Traité qui parlent à nôtre avantage ge comme *inconvenables*, & les expliquer perversement. Que vous semble-t-il, lecteur impartial! de pareils Hollandois? Une place à la Bourse & aux Caffés à Londres, entre les Proprietaires des Capres, ne leur convient elle pas mieux, que dans nos villes commerçantes de Hollande, où ils tachent de faire gouter leurs regles partiales? Pour cette sixieme regle, il n'est rien de plus aifé que d'en montrer l'abfurdité. Qui a jamais entendu, qu'il falloit regarder comme un *inconvenient* qui anneantit un Traité, quand après un tems il en refulte quelque préjudice pour l'un des Contractans? Notre jurifconfulte fe fert d'exemples empruntés du Commerce, pour illuftrer fa Doctrine. Nous lui en proposerons auffi un : Quelqu'un achete des grains, à payer dans 6. femaines, comme eft ordinaire dans ce commerce. Avant le terme du payement le prix tombe de cent à quatre vingt. L'achéteur y perd. Mais a-t-il Droit pour cela, de regarder le Contract comme *inconveniant* & de l'anuller? Qui, dira nôtre jurifconfulte, ces Contracts doivent être entendus à l'avantage de celui, qui y perdroit. Mais en quelle Cour de juftice jugeroit-on ainfi? Lorfque le Traité de 1674. fut conclu nous étions en guerre avec la France, & les Anglois jouirent durant 4. ans, de tout l'avantage, & transporterent en

A a 3

Fran-

France auſſi de telles Marchandiſes, par où
la France fut miſe en état & ſoutenue pour continuer la guerre contre nous.   Mais lorſque
dans les guerres entre l'Eſpagne & la Grande-
Bretagne, & entre la France & la Gr. Bret.
nôtre tour vint de tirer avantage du Traité, les Anglois nous ont toujours empeché;
ils nous ont privé de beaucoup de Millions
dans la derniere guerre, quoique nous fuſ-
ſions de leur parti.   Et maintenant qu'ils
vont plus loin que jamais, il ſe trouve quelcun d'entre nous qui, en peine de leur dommage, & pour le prévenir, declare un Traité tout clair, pour *inconveniant*, ſans ſe ſou-
cier du dommage cauſé à ſes Compatriotes.

§. XVIII. Cependant nôtre juriſconſulte,
qui dans ſes 6. Regles & dans leur application
ſurtout a tant de ſoin, que le Traité ne donne
occaſion au deſavantage des Anglois, change
de ton tout d'un coup, comme il ſemble. Il
nous accorde §. XIV. que, *ſi la France nous*
cederoit à-preſent quelque branche de ſon Com-
merce, ſoit en France, ſoit aux Isles Françoiſes en
Amerique, l'Angleterre ne nous y troubleroit pas.
Le croiriez vous Lecteurs, auriez vous
bien penſé que le juriſconſulte favoriſoit tant
les Marchands ? Comment peut-on concilier
cela ? Nous allons voir, que l'on veut demontrez
que le Traité nous defend le Commerc aux
Isles Françoiſes en Amerique, **parceque nous**

ne

ne le faifons pas en tems de paix. Mais ac-
cordez cela avec la liberté que les Anglois nous
laifferoient de ce Commerce aux Isles Françoifes en Amerique, en cas que la France nous
cedât maintenant une branche de ce Commerce? Qui faura diffoudre ce nœud, nous ren-
dra fervice. Cependant nous confeillons à nos
Confreres les Negocians, de ne pas fe trop fier
à la faveur du jurifconfulte. Un peu plus bas,
il rémarque *que l'Angleterre ne devoit pas être
mife par nôtre Commerce avec la France dans une
Condition inferieure, à celle qui naturellement fuivoit de la guerre.* Bon. Mais quelle Condition fuit
dont naturellement contre l'Angleterre de la guerre avec la France? Certainement celle, que
tout commerce ceffe entre elles, & que les
Puiffances neutres font tout le Commerce &
la navigation aux places Françoifes, qui n'eft
pas defendu dans les Traités; s'il en refulte quelque dommage pour les Anglois, c'eft un dommage qui fuit naturellement de la guerre.

§. XIX. Nous venons à l'explication que
donne nôtre jurifconfulte au II. Article du Traité, dont il s'imagine pouvoir deriver l'illegitimité du Commerce aux Isles Françoifes en Amerique.

§. XX. Il donne en forme d'introduction à
cette explication, une defcription du Négoce,
fi defectueufe, que, comme nous avons deja
dit au commencement, nos garçons de Comtoir le

A a 4   fa-

favent mieux; mais le cœur ne nous en dit pas
de nous arréter à tous ces défauts. Il dit (le
jurifconfulte,) *autant qu'il eft infruit*: Ses In-
ftructeurs font donc dignes de reprehenfion auffi-
que lui.   Un feul defaut principal dans fon
idée du Négoce en general, nous occupera
quelques inftans. Il diftingue d'abord juftement
Commerce & navigation §. XVI.   Mais il penfe, que la navigation marquée dans le Traité
n'eft permife que parceque fans elle le Commerce
ne fe peut pas faire: & il en tire la conclufion:
p. 15. qu'aucun autre Commerce ne nous etoit
permis, que celui qui eft marqué dans fa defcription purement arbitraire; & enfin il éta-
blit, que le *tranfport* des effets François, & le
louage de nos vaiffeaux aux François, n'etoit pas
permis à prefent fuivant le Traité.   Ce qui en
d'autres termes veut dire autant: que fi le VIII.
Article du Traité qui permet le tranfport de
Marchandife ennemie dans les vaiffeaux amis
étoit tout à fait fuperflu, ou qu'il devoit être
borné à la defcription arbitraire du negoce en
général, dont il a plu à Mr. le jurifconfulte de
nous regaler *fur l'infruction d'autrui*.   Les
Marchands ne fe fentent pas encore tentés par
cette belle defcription du negoce, qui fent
l'école, de fe laiffer priver d'une grande partie
de leur Navigation & même de leur Commerce. Cependant puifqu'il a bien voulu prêter
l'oreille aux infructions d'autrui, eprouvons,

fi

fi nous le pourrons un peu mieux inftruire, lui & ceux, qui en ont befoin autant que lui.

§. XXI. Dès le tems, que le Commerce de ce païs, dans les autres païs commença, jufqu'à-prefent, on s'eft appliqué 1.) à contracter, & à louer des vaiffeaux, & 2.) à envoier des Marchandifes dans les autres païs, à en changer & troquer contre d'autres, pour l'ufage ou pour les vendre. Le premier fe dit proprement *Navigation*. Le fecond fe nomma long-tems *Commerce* ou *Negoce*, comme on peut voir dans nos ecrivains qui en ont traité *. Ces deux Objets, *Commerce & Navigation* ont auffi été le fujet & l'objet de plufieurs Traités faits avec d'autres Puiffances. Les Traités font de trois fortes; de *Commerce*, de *Marine*, & de *Commerce & Navigation* ou *Marine* en même tems. Dans les Traités de *Commerce* il eft expreffement marqué quelles Marchandifes font permifes de mener dans certains pays, ou dans certains ports d'un païs, ou d'en emporter, & quels droits il faut payer des vaiffeaux & Marchandifes. Ors, les Traités de *Navigation* ou de *Marine* ne regardent pas le commerce que les Puiffances contractantes font dans un autre païs; Mais ils reglent les conditions fous lefquelles l'une des Puiffances doit *naviger & commercer*, quand l'autre eft en guerre. Les Traités

A a 5

tés.

* vid. entre autre Poliee Gronden en Maxim. van Holland. T. I. Cap. VIII. XII.

tés de *Navigation* & de *Commerce* à la fois,
ont ce double objèt.   La pluspart des Traités
de Negoce avec la France, l'Efpagne, la Suede
& le Danemarc, font de la premiere & de la derniere forte.   Pourtant l'Etat a fait un Traité purement de Marine avec la France
& avec l'Efpagne en 1646*.   Avec l'Angleterre
on avoit un vieux Traité de Commerce de 1496;
Mais après que l'acte de Parlement fut expedié
1651.qui ruina en plus grande partie nôtre commerce en Angleterre, & qui fut confirmé 1646,
nous n'avons pû faire avec l'Angleterre que des
Traités de Marine, c'eft-à-dire: des Traités
où il eft arreté fous quelles Conditions l'une
des Puiffances doit *naviger* & *commercer* quand
l'autre eft en guerre.   Un pareil Traité eft auffi
celui de 1674., l'objèt de nôtre difcuffion prefente.

§.XXII. Dans ce Traité, il nous eft expreffement permis non feulement de *Commercer* dans
ces circonftances prefentes, mais auffi de *naviger*; non feulement le Commerce mais auffi
la navigation, c'eft à-dire tranfportage.   Et
Mr. le jurisconfulte nous defendroit *de donner
nos vaiffeaux à louage aux François*, uniquement
pour juftifier fa definition du *Commerce*, dans la
quelle il ne comprend pas le louage de vaiffeaux.
Mais l'Article 8. dit clairement, que les Effets
François font libres dans nos vaiffeaux, & cela
ne

* vid. Corps Dipl. Tom. VI. P. I. pag. 342. 570.

ne suppose t-il pas que nous pouvons donner nos vaisseaux à louage aux François ? Mais dit notre jurisconsulte : *La Navigation nous est permise, afin que par ce moyen nous puissions faire nôtre commerce, soit pour nôtre propre compte soit en Commission ; Mais quand nous donnons nos vaisseaux à louage aux François, ce sont les François qui font le commerce & non pas nous, & cette navigation ne nous est pas libre.* Mais nous nions expressément que la navigation nous étoit permise uniquement comme un moyen pour faire le Commerce. Les proprietaires des vaisseaux & les Négocians ne sont pas toujours les mêmes personnes. Peut-on s'imaginer qu'en faisant le Traité on ait regardé aux derniers seulement, & point du tout aux premiers, qu'autant que l'intérêt de ceux-ci va de pair avec l'Intérêt des autres ? Trouveroit-on quelque raison pourquoi nôtre jurisconsulte favorise tant les négocians, que de leur permettre, d'etre *Mandataires* des François, d'acheter, de charger & de transporter pour leur compte des Marchandises; & de ne pas permettre au contraire, aux proprietaires des vaisseaux de transporter les effets des François? Nous n'en voyons point d'autre raison, que celle, que nôtre jurisconsulte est ignorant en fait de Negoce, qu'il ne prend pas la *Navigation* (entendue étroitement le transportage) pour une branche de Negoce considerable en soi même, vû que le

Né-

Négoce de Frife & de plufieurs villes de Hollande n'eft que de donner des vaiffeaux à Louage (*Navigation*), qui fleurit , quand les
vaiffeaux peuvent aller pour le compte d'autrui
d'un port à l'autre : une Branche de Negoce
dont on doit avoir un foin particulier dans les
Traités de Marine, ou Navigation.

§. XXIII. L'Achat de Marchandifes par un
Marchand d'Amfterdam à Marfeille pour le
compte d'un de Marfeille, & l'envoi à Livourne, n'eft pas non plus permis felon nôtre Ecrivain. Pourquoi? parcequ'il trouve bon de
nommer cet Amfterdamien un *Locataire* non
pas un *Commiffionaire*, & parcequ'il lui plait de
dire : que ce n'étoit pas commerce ni pour propre Compte ni pour le Compte d'autrui. Que
celui d'Amfterdam donne un vaiffeau pour tranfporter des Marchandifes d'un port François à
l'autre , pour le Compte François : celâ ne
vaut rien non plus. Comment donc? Cet homme ne fait pas un Negoce en Commiffion ;
Mais dit nôtre jurifconfulte, felon fon Idée :
*c'est une affiftence feulement pretée à ceux, qui font
mis hors d'état de faire leur negoce d'une autre
manière.* On n'a que faire de refuter de pareils
argumens , c'eft affez de les répréfenter.
Cependant le même Droit qu'a le jurifconfulte
de nommer ces deux hommes l'un un *locataire*
& l'autre un *aide* (pour le tranfport) nous l'avons
auffi de leur donner le nom honorable *de*

Com-

Commiffaires, & alors leur fait eft permi .. même felon nôtre jurifconfulte. Mais quel nom
qu'on leur donne, où eft donc défendu ce qu'ils
font; dans le Traité?

§. XXIV. Nous venons donc à l'examen de
l'explication que nôtre jurifconfulte fait du II.
Article, qui eft la meme que quelques Anglois
ont donné deja de cet Article, & que nous avons
deja refuté dans nôtre *premier Mémoire*. Pour
mieux entendre ce qui eft dit fur cet Article
dans *l'Ant. Mem.* il faut que nous le remettions
encore fous les yeux de nôtre Lecteur: La voici:

Cette liberté de Navigation & de Commerce
ne doit point être troublée, à l'occafion, ou a
caufe de quelque guerre; mais elle s'etendra à
toutes les Marchandifes, qui jamais feront trans-
portées en tems de paix, à l'exception feulement,
des effets marqués dans l'Article fuivant, fous le
nom de CONTREBANDE, & qui confiftent
comme il a été remarqué plufieurs fois, en mu-
nitions de guerre.

Le Raifonnement du jurifconfulte fur cet Article §§. XX. XXI. XXII. fe reduit à cela:
„ que les mots; *qui jamais font transportées en*
„ *tems de paix* feroient fuperflus, ou qu'ils
„ devroient être pris dans un fens qui borne
„ plus l'intention, *qu'elle ne paroît dans tout le*
„ *cours du Traité.* Que la fuppofition, que
„ ces mots étoient fuperflus feroit abfurde,
„ parcequ'ils avoient été inferés au Traité de

16 4

„ 674. pour marquer quelque chose de par-
„ ticulier & de conséquence.   Qu'ils ne pou-
„ voient pas marquer une extension de la li-
„ berté de Commerce & de Navigation, qui
„ étoient déja étendus dans le premier Article
„ autant qu'on l'avoit voulu étendre. Que par
„ conséquent ils marquoient & ne pouvoient
„ pas marquer autre chose, que les bornes de
„ cette liberté, qu'on ne devoit pas *naviger ni*
„ *commercer aux places où on ne navige ni ne*
„ *trafique pas en tems de paix*, & par consé-
„ quent non plus aux Isles Françoises en Amé-
„ rique, auxquelles la *navigation* & le *Com-*
„ *merce* ne nous étoient pas permis *en tems*
„ *de paix.*

§. XXV. Ce raisonnement a quelque apparence aux yeux qui ne sont pas assez attentifs, &
qui n'ont pas lu le Traité avec réflexion. Mais
il ne sera pas difficile de faire voir en peu de
mots aux impartiaux, qu'il est diametralement
opposé à la lettre toute claire & au dessein tout
visible de l'Article dont nous faisons l'examen.

§. XXVI. Remarquons 1.) que le jurisco-
sulte pretend que les mots en question défendent la navigation aux Isles Françoises, où
nous ne commerçions pas *en tems de paix*. Il
suppose, par conséquent, que le II. Article par-
loit de *Places* où nous devions naviger. Mais
il se trompe grossièrement. Cet Article ne dit
rien du tout des *Places* où nous devions naviger.

ger; il traite, uniquement & strictement des
Marchandises que nous devons transporter &
trafiquer, comme quiconque a des yeux le
peut voir. Il est parlé des Places où nous devons aller, dans l'introduction & dans le I. Article; Ce sont *tous les Royaumes, Etats & Païs
dans tout le monde, ceux* même qui sont en
guerre avec la Gr. Bret. Mais les mots dans
le II. Article, *qui jamais sont transportées en
tems de paix*, regardent les *Marchandises* non
pas les *Places* où, ou d'où elles sont transportées.
Et nôtre jurisconsulte entend les mots en question contre la lettre claire & le dessein evident
de l'Article, qu'il applique aux Places ce qui est
dit des Marchandises. 2.) Remarquons que le
jurisconsulte suppose, que la liberté de navigation étoit reserrée & bornée, par les mots en
question; ainsi qu'il falloit entendre le II. Article, comme si on lisoit: *Cette liberté de naviger & commercer sera BORNEE aux Places
seulement où on a navigé & commercé en tems
de paix.* Mais supposé que les Auteurs du Traité avoient eu cette intention; comment leur
avoit-il pu venir en esprit de se servir du mot
ETENDUE? Ils veulent borner le Commerce
& la Navigation, & ils diroient, que la Navigation & le Commerce se doivent etendre !
Quelle absurdité! N'est-ce pas le même, que
s'ils avoient voulu parler du *noir*, & s'etoient
servi du mot *blanc?* S'il étoit joint encore à ce
mot

mot *d'étendre* celui de *feulement* ; On liroit
donc : *Cette liberté s'étendra-SEULEMENT
jufqu'à &c.* ; donc on croiroit que les Auteurs de ce II. Article avoient eu en vûe quelques bornes. Mais il ne fe trouve ni ce mot ni
aucun autre dans tout l'Article qui marquât
quelques bornes, fi ce n'eft l'exception de
munitions de guerre, dont il n'y a pas difpute,
Quelle apparence y a-t-il donc, de prefumer
qu'on eut voulu borner la liberté qu'on declare
de s'étendre ? Nous reconnoiffons pour vrai par
rapport aux *Places*, ce que rémarque nôtre jurifconfulte, de la Confulte que la Navigation &
le Commercer étoient déja étendus dans le I.
Article autant qu'il étoit poffible, & par confequent ne pouvoit plus être étendus dans le
II. Article. Mais il n'étoit rien dit dans le
I. Artitle des Marchandifes qu'on devoit transporter & en trafiquer. Quoi donc de plus naturel que d'en parler dans l'Article fuivant ?

(XXV.)

MEMOIRES

POUR SERVIR 'A

L'HISTOIRE

DE NOTRE TEMS,

PAR-RAPPORT AUX DISSENTIONS PRE-
SENTES ENTRE LA GR. BRET. ET
LA REP. DES PROVINCES
UNIES.

(XXV.)

SUITE DU MEMOIRE POUR LA DE-
FENSE DU COMMERCE ET DE LA NA-
VIGATION DES HOLLAN-
DOIS AUX INDES OC-
CIDENTALES.

§. XXVII.

Ous eſtimons les ſusdites Remarques
ſuffiſantes pour demontrer à toute
perſone impartiale la fauſſeté, pour ne
pas dire le ridicule de l'explication de nôtre jurisconſulte. Si l'on nous demande encore, comment donc nous entendons cet Article, & ſurtout les mots: *qui jamais ſont transportées en
tems de paix*; nous repondons, que nous nous
ſommes deja ſuffiſamment expliqués ſur cela

dans nôtre *premier Mémoire*; mais ce Point
étant de la plus grande conſequence, nous ajou-
terons à nos remarques precedentes encore *cinq*
autres.

§. XXVIII.   1.) Nous remarquons Imo.
que le II. Article eſt lié fort naturellement au I.

Dans ce I. Article il eſt fait mention des Places auxquelles on devoit naviger & commercer: il étoit donc naturel de parler auſſi de
Marchandiſes; ce qui ſe fait dans le II. Article,
& eſt encore éclairci dans le III. & IV. Le
II. Article diſtingue fort bien, *Commerce &*
Navigation, c'eſt à-dire : *transporter* (navigation
libre) & trafiquer.   Il dit auſſi, que *la li-*
berté de Navigation & de commerce s'étendroit
à toutes les Marchandiſes, c'eſt-à-dire, qu'on
peut ſeurement transporter toute ſorte de Marchandiſes, & trafiquer ſeurement toute ſorte de
Marchandiſes,à la reſerve ſeulement de munitions
de guerre.   Ce ſens de ce II. Article eſt ſi naturel & ſi ſimple, & repond ſi bien au but &
au contenu du Traité en general, que nôrre juriſconſulte lui même le reconnoitroit §. XXI.
s'il n'etoit pas retenu par la malheureuſe ſignifi-
cation qu'il donne aux mots : *qui jamais ſont*
transportées en tems de paix.

2.) Pour ce qui eſt de ces mots en particulier, nous dirions preſque, qu'il ne nous importe pas, quel ſens on leur donne, pourvû qu'on
ne les applique pas aux *Places,* mais aux *Mar-*
chan-

chandises, auxquelles au moins ils ont été appliqué uniquement dans le Traité. Nous ne voulons pas faire d'autre Commerce, ni transporter d'autres Marchandises que nous n'avons fait *en tems de paix*. Nous nous plaignons uniquement de ce qu'on nous ravit des Marchandises que nous avons transporté en seureté, & dont nous avons fait negoce *en tems de paix*, non seulement, mais à quoi nous avons la liberté en vertu du IV. Article, même *en tems de guerre*. Le *Sucre*, qui est expressément nommé entre les Marchandises libres, le Caffé, l'Indigo & autres Marchandises, nous ont toujours été libres *en tems de paix*, de transporter & de trafiquer. Si donc nous convenions que le II. Article avoit ce sens absurde : que *la liberté de Navigation & de Commerce étoient bornés uniquement à ces sortes de Marchandises qui sont transportées en tems de paix*, nous n'y perdrions pas. Et si l'on nous oppose , ,, que ces ,, Marchandises étoient des produits des Isles ,, Françoises, auxquelles nous n'osions aller *en* ,, *tems de paix* " nous repondons : que le II. Article ne parle pas des *Places* auxquelles nous devons *aller*, mais des *Marchandises* que nous devons *transporter* & en *faire traficq* , & que le transport & le Commerce des Marchandises que nous avons maintenant emporté des Isles Françoises, ou y apporté, a toujours été libre & permis.

B b 2   3.) Mais

3.) Mais le II. Article ne contient pas une *reſtriction*, il renferme une extenſion de la liberté de commerce & de navigation; & les mots: *qui jamais ſont transportées en tems de paix* ſont ni ſuperflus ni obſcurs. Ils contiennent une oppoſition expreſſe contre *l'etat de guerre*, dont il eſt fait mention immediatement avant. *En tems de paix* comme il eſt connu, on transporte librement toutes ſortes de Marchandiſes, même de munitions de guerre. On pourroit donc demander, ſi toutes ces Marchandiſes ſeroient auſſi transportées en tems de guerre? Oui, repond le II. Article, *toutes les* Marchandiſes qui jamais ſont transportées en tems de paix, ſeront transportées auſſi *en tems de guerre*, excepté les munitions de guerre: L'état de guerre ne doit point empêcher le transport & le Commerce de toutes les autres ſortes de Marchandiſes. Quelle obſcurité, quoi qui ne ſoit fort naturel, y a-t-il donc dans ce II. Article? Quel argument pourra t-on imaginer pour reprouver le ſens tout naturel & ſimple des mots? Nul autre, que, parcequ'il ne repond pas à-preſent aux vûes & à l'intérêt des Anglois & de ceux de leur parti. Mais ſi cet Argument doit prevaloir, on pourra s'abſoudre de tout contract, auſſitôt qu'il ſemble être préjudiciable en certain cas. Bonne-foi entre les particuliers auſſibien qu'entre les Souverains, eſt donc perdue?

4.) Pour

4.) Pour affermir la solidité de la signification dans laquelle nous prenons le II. Article, nous ne pouvons que remarquer ici, qu'il est pris dans le même sens partout dans ce Memoire. Les Nobles & Puissans Seigneurs les Etats de Hollande, font aussi les Souverains de l'Auteur de *l'Antidotal Memoire*; ainsi il a fort mauvaise grace de donner à un Traité public un autre sens, que ne lui donnent ses Magistrats. Encore: Jamais les Rois de la Gr. Bret. jamais le Ministére Anglois ont-ils soutenus que le Traité de 1674. & particulierement le II. Article devoit être pris dans le sens comme le prend nôtre jurisconsulte? Ce Traité a été conclu sous Charles II. & a été confirmé par tous les successeurs de ce Prince, & dernierement en 1728. par Sa Majesté de la Gr. Bret. à present regnante. Ce Prince ordonna en 1743. & 1744. aux Amirautés de l'observer ponctuellement. Jamais a-t-on trouvé quelque obscurité ou équivoque dans ce II. Article? Jamais a-t-on pensé en Angleterre à lui donner un sens different de celui, que renferme *le contexte & le contenu du Traité en general?* Mais on nous assure, que le Ministere d'Angleterre avoit declaré il n'y a pas long-tems: ,, qu'on devroit ,, tacher d'empecher, que les Isles Françoises ,, soient pourvûes de tout le necessaire par les su- ,, jets de Puissances neutres; que pourtant on ,, nous laisseroit jouir du contenu du Traité ";

Mais

Mais helas! nous avons sujet de craindre, que la Cour d'Angleterre ne cherche à donner un autre sens au Traité qu'il n'a fait jusqu'ici, & que nous avons demontré être le vrai.

5.) Notre Adversaire trouve quelque chose de particulier en ce que les mots, dans la signification desquels nous differons, ne se trouvent pas dans les Traités de 1667. & 1668. Mais il n'en est d'autre raison sans doute, que. parceque les Anglois euxm-êmes vouloient designer expressement & circonstantieusement la liberté de Commerce & de la Navigation par rapport aux Marchandises dont le transport & le Commerce seroit permis, dans un tems que nôtre Etat étoit en guerre avec la France, & qu'ils alloient jouir les premiers des avantages du Traité. C'est pourquoi ils ont eu soin, que les produits de leur païs, & dont ils pensoient alors de pourvoir la France, du *fer*, *plomb*, *charbons*, *viande &c.* furent expressement specifiés dans le IV. Article entre les Marchandises libres, sans se soucier, que quelques uns de ces effèts pouvoient servir directement à nôtre grand préjudice dans la guerre.

§. XXIX. Le jurisconsulte passe §. XXVI. à une remarque, qui est de peu de poids. Il doute si cela ne repugne pas au Traité, que de prendre des passeports François, pour aller sous ce pretexte aux Isles Françoises. 1.) parcequ'il n'est pas permis en tems de paix, & 2.) qu'on

pour-

pourroit nous regarder comme des François plustot que pour des Hollandois. Mais à peine ces deux Argumens meritent-ils d'être refutés. Car pour le *premier*; Où dit donc le Traité que nous ne dévions pas prendre des Paſſeports que nous ne prennons pas en tems de paix? Il parle des Marchandiſes qui doivent être *transportées en tems de paix*, non pas des Paſſeports dont on ſe ſert. Nous repondons au *ſecond*, que ſi l'uſage des paſſeports François nous faiſoit ſujets de la France, un Paſſager par terre en tems de guerre ſeroit ſujet quelque fois de 3. 4. Puiſſances en même tems, pour avoir pris des paſſeports de toutes ces Puiſſances. Mais il s'entend de ſoi même, qu'on ne devient pas ſujet d'une Puiſſance par prendre un Paſſeport d'elle; Et il n'eſt pas neceſſaire de nous arrêter à cela, parceque nous ne nous ſommes guères ſervis de Paſſeports François dans les voyages aux Indes Occidentales. Il a toujours été fort difficile d'en avoir: ce qui prouve en paſſant, que la France n'a pas tiré tant d'avantage de nôtre Commerce aux Isles Françoiſes, que les Anglo's ſemblent s'imaginer & que nôtre jurisconſulte veut ſoutenir.

§. XXX. Ce qu'il amene encore §. XXIV. à la charge de quelques Mariniers & Marchands, qui, à ce qu'il dit, avoient fait un commerce defendu, c'eſt-à-dire contre le Traité, nous n'en conviendrons point, d'autant qu'on ne le

prou-

prouve pas. Et quand il fera prouvé, nous ferons
les premiers à le condamner.

§. XXXI. Le jurifconfulte (comprennant tout
enfemble ce qu'il a foutenu jufqu'ici) borne la
navigation §. XXIV. en 6. Egards.

1. Ne pas transporter de *Marchandife de contrebande*.

2. ne rien transporter aux *Places, invefties,
affiegées, bloquées*.

3. *ni pour le Compte François d'un Port François
à l'autre*.

4. Ne pas *preter le nom, ni des vaiffeaux pour aller & retourner, pour le Compte François*.

5. *ne point donner de vaiffeaux à loüage aux François*.

6. *ne pas fe fervir de Paffeports François pour
faire un Commerce qui ne nous étoit pas libre
en tems de paix*.

Nous reconnoiffons pour fondé les deux pre-
mieres de ces limitations, pourvû qu'on n'entende
de fous *Contrebande* que des munitions de guerre. Mais la 3.) 4.) 5me.) limitation font directement oppofées au II. & VIII. Article du
Traité de 1674. & au contenu de la Convention de 1675. La 6.) ne fe trouve nulle part
dans le Traité, comme nous avons affez démon-
tré plus haut.

§. XXXII. Le jurifconfulte convient *que le
Traité de 1674. eft encore dans fa vigueur.*
Auffi ne favons-nous pas que la Cour d'Angle-
terre

terre l'eut déclaré pour aboli; mais que peut-
on penser d'une nation, qui viole dans tous les
points un Traité qu'elle avoue être encore en
vigueur? Quel nom lui donnera-t-on? Nous
avons fait un commerce permis aux Isles Françoifes, nous reposant sur un Traité, qu'on réconnoit être encore dans sa vigueur; & on nous
met obstacle à ce commerce, pour aucune autre raison, peut-être, que pour faire soi-même
ce commerce * quoiqu'en guerre avec la France. On nous empêche même d'aller à nos
propres Colonies, contre le I. Article du Traité. Et qui fait cela? une Nation qui en 1739.
lorsque les Espagnols vouloient empêcher le
Commerce à ses Colonies, le regardoit comme contraire au Traité de 1670 **. & contre
le Droit des Gens. On le crut une raison suffisante pour donner des lettres de represailles
contre L'Espagne, & pour declarer même la
guerre à cette Couronne ***. On nous empêche
de transporter & de trafiquer des Marchandises
qui dans le II. & IV. Article sont expressement

Bb 5   dé-

* Nous avons avis de plusieurs cotés, que les Anglois eux mêmes, avec leurs vaisseaux de Cartel,
appellés *Parlamentaires* & *Flaggs of Truce*, & avec
d'autres vaisseaux, commercent essentiellement aux Isles Françoises en Amerique.
** Voyez ce Traité dans le Corps Dipl. Tom. VII.
P.I. p. 137.
*** Voyez Rousset, Procès entre l'Espagne & la
Gr. Bret. p. 235. 242.

declarées libres. On nous empêche de transporter des Marchandises Françoises, en contra-
rieté du VIII. Article. On veut nous empêcher d'aller d'un port François à l'autre, contre
la lettre expresse de la Convention de 1675.
On prend nos vaisseaux, quoiqu'ils prouvent
par les Passeports, de n'avoir pas de Contrebande à bord, & d'appartenir aux habitans de l'E-
tat, contre le contenu du V. & VI. Article.
On ne doit pas, suivant le VII. Article, ouvrir
les Caisses, balles, tonneaux &c. quand même
il se trouveroit qu'un vaisseau eut de la Contrebande à bord, encore moins enlever quelque
chose de la charge; & l'on permet que tous les
vaisseaux sans distinction soyent depouillés &
pillés impunement, sans penser seulement à
la reparation du dommage à quoi on s'engage
dans le IX. X. & XIV. Article. Que dira-t-on
de la prompte justice promise dans les Articles
XI. XII. XIII.? Les procès en Angleterre sont
trainés, les fraix enormes; & enfin on nous
donne le tort, parceque la charge de nos vaisseaux n'etoit pas de nos Colonies, Chicane
qu'on a inventé non pas pour porter dommage
aux François, mais pour nous chagriner, & nous
mettre en grandes dépenses, nous qu'on nom-
me les Alliés naturels. Si nous gagnons nôtre
procès, comme il arrive quelquefois, ne sommes nous pas condamnés à payer les fraix, non
seulement pour nous, mais aussi pour les Capres
qui,

qui, fuivant le jugement même des juges Anglois, ont pris injuftement nos vaiffeaux? Cela
ne fe fait-il pas fur une Ordonnance de la Hau-
te Régence? De pareilles Ordonnances & fentences ne tendent-elles pas à animer aux prifes injuftes de nos vaiffeaux, ce que, fuivant plufieurs
Articles du Traité, on dévoit empêcher? Nous
ne nommons point d'autres violations du Traité, que telles qui font connues à tout le monde; fans faire mention de mille autres injuftices
cachées, & bien connues aux Caprès, aux juges & à autres, comme on s'y prend pour op-
primer des voifins innoçens. Nous en avons affez dit pour faire voir, avec quelle raifon les
Anglois fe vantent de leur foi à garder les Traités, & comme ils nous en laiffent jouir. Les
Contemporains & la pofterité en peuvent juger,
fi nous avons trop dit?

§. XXXIII. Nôtre faux ami nous exhorte à
la fin, que, fi jamais nous nous croyons offen-
fés & avoir fujet de nous plaindre, nous ayons
foin, *que dans nos Requettes & Mémoires la ju-*
ftice de nôtre caufe y paroiffe plus tôt que l'aigreur
& l'emportement. Nous croyons avoir fatisfait à cét égard dans ce *deuxieme Mémoi-*
re, où nous nous fommes appliqués à des
Raifonnemens purs, fi ce n'eft pas à fes yeux,
au moins à tous les yeux impartiaux. Qu'il
nous permette cependant de l'exhorter à nô-

tre

tre tour, que ſi jamais il entreprend encore d'écrire ſur cette matière, il raiſonne plus juſte qu'il n'a fait dans l'Antidotal Memoire. A cette condition, mais à cette ſeule condition, nous lui paſſerons bien encore quelques *tranſports* comme nous avons fait déja.

§. XXXIV. Au reſte nous ne ſouhaitons rien, ſi non, que la juſtice de nôtre cauſe ſoit examinée & réconnue enfin, ſi ce n'eſt en Angleterre (où un intérêt vrai ou imaginaire de la Nation ſemble avoir plus de poids que le Droit & les Traités les plus ſolemnels) au moins des Hautes Puiſſances de nôtre Patrie, auxquelles ſeules nous pouvons prendre recours ſur la terre, & que nous implorons reſpectueuſement & trèshumblement, de proteger nôtre commerce fort delabré. Elles ſavent mieux que perſonne combien le Bien & la Conſervation de la République ſont liés au Bien & à la Conſervation du Commerce. Elles ne regarderont pas avec indifference la ruine de beaucoup des plus honnettes, des plus riches, de plus fideles, des plus utiles Citoyens de l'Etat, & l'apauvriſſement de milliers de familles. Elles voudront ſans doute prevenir la ruine de la Republique, qui en reſulteroit inevitablement, & choiſir les moyens les plus propres à une fin auſſi ſalutaire. Cependant en addreſſant nos vœux au Ciel qu'il beniſſe leurs Conſultations,

tions, nous attendrons tranquillement & avec
foumiffion en fidelles & bons Citoyens ce que
nos Hauts Magiftrats jugeront à-propos de
difpofer pour le Bien du Païs & du Commerce
opprimé.

AVIS NECESSAIRE AUX HABITANS DE HOLLANDE.
AVEC QUELQUES REMARQUES SUR LA CONDUITE DE MESSIEURS LES MARCHANDS.

SEnfible áu malheur qu'éprouve nôtre Patrie
par une Guerre où elle ne veut faire Caufe
commune, & encore plus touché de la diverfité des fentimens que chacun fe forme felon fa
manière de penfer fur les caufes auxquelles ils
attribuent les evenemens finguliers, j'ai crû
rendre un fervice effentiel à mes chers Compatriotes, & même d'y être obligé, par les de-
voirs les plus forts de la focieté, en leur dé-
couvrant ingenuement l'état des affaires. Je me
trouve dans une fituation, qui me rend à certains égards plus propre que quantité d'autres,
à leur donner des lumières, pour juger avec
juftelle des chofes & de la diverfité des fentiments.

Ce n'eft pas ma coutume, & encore moins
mon deffein, d'entretenir la Partialité; de noircir ou de dépeindre avec des couleurs odieufes
qui

qui que ce soit.   Je tache de conserver ma
Patrie dans son lustre ; ce qui ne se pourra jamais, à moins que les Paroles & les faits ne
s'accordent entre eux, & ceci dépend de l'accord des jugemens.   Je ne veux offenser personne, qui que ce soit ; je serois satisfait, si je
puis vous faire connoitre le cours naturel & véritable des affaires qui surviennent dans le gouvernement, & vous faire comprendre à cœur
ouvert mon sentiment là dessus.   Le Bien de
l'Etat & le vôtre en dépend. & chaque bon
Citoyen est obligé d'y coöperer sans cesse, à
mesure de son pouvoir ou de la Rélation qu'il
y peut avoir.

Il est connu, que S. A. R. Madame la Princesse Gouvernante a été suppliée, en Juillet
1755., par une Résolution de Leurs Haut. Puis.
du 10. de May de la même année, d'entrer en
Consultation avec le Conseil des Etats sur les
mesures qu'il falloit prendre dans ces Circonstances pour la seureté de l'Etat; son A. R. a
fait tenir un avis écrit, où Elle propose une
augmentation militaire de 1092. chevaux &
13450. hommes, & de trouver un fonds pour
fournir les Magazins & réparer les Fortifications
des Places Frontières.   Quatre Provinces se
sont conformées à cela, & ont taché en même
tems avec S. A. R. de porter aussi les autres
Confederés à une Résolution unanime.   La
Noblesse de Hollande avec la pluspart des villes

les étoient pour l'augmentation, à la réserve
des villes, Dord, Harlem, Amsterdam, Gou-
da, Rotterdam & Briel : ainsi ce grand ouvrage
est indecidé jusqu'aujourd'hui, malgré les in-
stances réiterées des Provinces susdites & de S.
A. R. Il n'est pas moins connu, & il est demontré par la petition generale du Conseil
d'Etat de l'an 1757., que S. A. R. a insisté con-
jointement avec le Conseil d'Etat, à une augmentation de forces par mer. Cependant nôtre
Commerce a été de plus en plus troublé, & les
plus considerables Marchands de nôtre Païs ont
le plus souffert : enfin l'on songea à une défense
contre un tel procedé, qui fut desaprouvé avec
raison, par plusieurs considerations. Ceux de
Hollande, qui ne pouvoient pas entrer dans la
proposition de l'augmentation, se prirent donc
à insister à une augmentation d'equipage seulement pour mieux proteger la navigation. Les
Provinces qui avoient réconnues qu'une augmentation de forces par terre étoit d'une né-
cessité essentielle, croioient ne pouvoir pas entrer en celle-là separement, & ont déclaroient,
que la seureté de l'Etat demandoit l'un en même tems avec l'autre.

Cependant les injustices que les Anglois ex-
erçoient sur nos vaisseaux continuoient, & faisoient crier, non pas sans raison, nos commer-
çans qui y sont interressés : Chacun compren-
dra aisement, qu'il est bien dur de voir perdre
d'une

d'une telle manière le fruit de son travail & de
ses sueurs. Tel etoit l'état des affaires, lorsque
le Corps des Marchands, voyant qu'il ne se
résolvoit rien par les Régens du Païs, prit récours à
la Princesse Gouvernante, demandant son assistence & son interession auprès du Roi d'Angleterre son Pere, afin d'être satisfaits au plustôt, insinuant en même tems, que S. A. R. voulut abandonner le projèt de l'augmentation proposée & d'en dehorter les Provinces qui y concourroient &c.

(XXVI.)

MEMOIRES

POUR SERVIR 'A

L'HISTOIRE

DE NOTRE TEMS,

PAR-RAPPORT AUX DISSENTIONS PRE-
SENTES ENTRE LA GR. BRET. ET
LA REP. DES PROVINCES
UNIES.

(XXVI.)

SUITE DES AVIS NECESSAIRES AUX
HABITANS DE HOLLANDE, AVEC
QUELQUES REMARQUES SUR
LA CONDUITE DE MES-
SIEURS LES MAR-
CHANDS.

Uoique je ne puisse pas blamer un Zéle, qui tendant au bien de la Patrie
communique au Public ses sentimens sur les événemens, il me faut néanmoins rémarquer, qu'il ne convient nullement dans un Etat bien gouverné, qu'on
pousse ce Zele à l'outrance, & qu'on soupçonne
ceux qui composent le Gouvernement, d'avoir des

Cc   vuës

vuës odieufes & perverfes ; & que cette in-
difcretion aille plus loin encore, en pre-
tendant que les chofes, qui font l'objèt des
déliberations des Régens du Païs, foyent
décidées, fuivant les Conceptions particulie-
res qu'on en a, & vouloir ainfi entreprendre fur leur charge, parce-qu'on voit que le
fentiment du peuple panche d'un certain côté.
Il n'eft pas poffible de demontrer les raifons
de côté & d'autre dans toute l'evidence que
chaque Citoyen les puiffe comprendre; auffi n'eft - il pas moins feur, qu'en de pareils
cas les régles de la vraifemblance légali-
fent le fentiment foutenu par la pluralité des
voix. Pouvons nous donc nous figurer avec
quelque apparence de raifon, que les Provinces, qui en même tems avec S. A. R.
ont tant infifté à une augmentation pour la
féureté du Païs, ayent été infpirées d'un
autre efprit que de celui qui cherche le vrai
bien de la patrie? Les quatre Provinces,
de Gueldre, Overyffel, Utrecht & Grænin-
gue avec Ommelanden, ne parlent pas lége-
rement : elles portent fans doute encore les
marques des Coups qui leur ont été porté
fi fenfiblement, dans un tems où de leur fort
dependoit celui des autres Confederés. Sé-
roient-elles tranquilles, lorfqu'il s'agit de la
même chofe, pour, en laches laboureurs des
champs,

champs, meprifant une crainte fondée, attendre ce qui pourroit furvenir ? Le moindre des fujets de ces Provinces, ne diroit-il pas à fes défenfeurs : pourquoi nous laiffer fans Trouppes, & abandonner nos femmes & enfans à la merci de nos puiffans ennemis? Eft-ce là la foi, les ferments que vous nous avez jurés ? Non, chers Compatriotes ! je foutiens, que vous dévez approuver le Zele des braves defenfeurs de la Patrie ; que vous ne trouverez rien dans leur Conduite, qui ne réponde aux dévoirs les plus étroits de Péres de la Patrie.

Mais, demandera-t-on peut-être, S. A. R. eft-elle dans les mêmes fentimens, le bien des Provinces eft-il le premier objet de fon inclination? je fais fort bien, ce qu'on penfe & ce qu'on dit touchant cela. La Princeffe Gouvernante dit-on eft naturellement portée pour le Roi fon Pere, Elle epoufe fon intérêt ; il eft donc facile à comprendre, que défirant une augmentation de Trouppes, Elle tachera auffi de faire que l'Etat prenne part aux différents du Royaume d'Angleterre avec d'autres Puiffances. Outre cela il eft toujours avantageux pour le Stadhouder, que l'Etat Militaire foit grand, parceque fon autorité de

Ca-

Capitaine Général eſt par là d'autant plus grande.

J'avoue, qu'il faut ſuppoſer en Son A. R. les ſentimens d'amour & les inclinations qui naiſſent des liens du ſang, & ſans leſquelles toute vertu n'eſt qu'un vain nom. Voudroit-on denier ces ſentimens à S. A. R.? qui de nous ſouhaiteroit voir une telle Princeſſe à la tête des Etats du Païs? Mais toute grande qu'on croie cette harmonie, qui ne ſait que la tendreſſe d'une mere envers ſes enfans, le fruit de ſon Corps, qu'elle a porté ſous ſon cœur, la ſurpaſſe infiniment? qui ne ſent pas, que tout autre obligation cede au ſentiment naturel, de pourvoir à la félicité temporelle & éternelle des enfans, que c'eſt là une obligation indiſpenſable, la loi, la volonté de être ſupreme.

Peut-on douter encore que Son A. R. ne prenne à cœur, plus que tout autre choſe, le bonheur & le ſalut de ſes Illuſtres enfans? ſi elle réconnoit bien, que ce bonheur eſt lié le plus etroitement avec celui de tout le païs, que ſa ruine ſeroit celle de ſon Illuſtre maiſon, comme Meſſieurs les Marchands ont rémarqué dans leur derniere harangue? ſi elle, dis-je, unit l'intérêt commun de nôtre chere patrie avec celui de ſes Illuſtres enfans? J'oſe dire,

que

que quiconque a le bonheur d'approcher la Princesse Royale, lui trouvera des fentiments d'humanité & de vertus, qu'on ne trouve que rarement. Nous ne pourrons donc pas juger autrement; S. A. R. n'a d'autre but que le Bien & la feureté du Pais, non pas celui d'Angleterre, ni celui de l'une ou de l'autre Province, de l'une ou de l'autre Partie des habitans en particulier, mais celui de la Patrie en général, auquel feul le Bien de fes Illuftres enfans eft tant attaché. Ce feroit, en agir très temeraire- ment, que d'en juger autrement, la voix de la nature étant fi forte.

Si l'on prend autrement, & régarde cet- te affaire comme feule propre pour éten- dre fon pouvoir: je démande, fi j'attri- bue à quelcun des fentiments, qui ne con- viennent avec les mêmes arguments que j'ai allegué peu avant? Quel exemple y a-t- il donc, pour appuyer cette penfée? & qu'un Stadhouder fe foit fervi du plus de puiffance, pour s'aggrandir plus, qu'en ces circonftances l'Etat ne le demandoit? Et fil y avoit quelque apparence de cette pre-

C c 3   fom-

fomtion d'un Stadhouder d'aprefent, elle ne peut
être que chimerique dans un tems de mi-
norité, oû Son A. R. ne pouvant pas
prendre elle même le Commandement des
Troupes en cas de troubles, il faut le
confier à des mains étrangeres? Je n'entre pas
dans le détail des Raifons qui font alleguées pour
& contre l'augmentation; il a été affez
écrit fur l'un & fur l'autre fujet pour fervir à nôtre inftruction particulière; & les
Provinces, refpectivement, fe font expliquées
auffi clairement que ferieufement là-deffus,
dans leurs Refcrits à Leurs Nobles & Grandes Puiffances.   Je demande feulement, fi
le fentiment qui tend à la feureté du païs,
n'eft pas toujours préferable à tout autre? & s'il ne vaut pas mieux en tout
cas, d'employer quelque fomme, pour une
feureté fuperflue, que d'expofer fes biens
à une rapine inopinée, par une fcrupuleu-
fe épargne? pour ne pas dire, que la pluralité des voix, toujours préferable au petit nombre, donne un grand poids, &
fuffiroit feule à nous faire pancher de ce

coté

eoté-là. Si ce projèt ne mene pas à entretenir des diffentions entre les Citoyens d'un même Etat, que pouvons nous mieux choifir que le parti du plus grand nombre des défenfeurs de nôtre païs? & qu'en facrifiant une petite portion de nôtre bien, nous affûrions le refte de nos poffeffions? Et que dis-je, chers Concitoyens! fi l'on en avoit pu venir à une conclufion de cette propofition dés 1755. & avec moins d'un quart peut-être de la perte que nous fouffrons depuis par l'Angleterre, nôtre Commerce feroit demeuré dans fa vigueur, & dans des Conjonctures favorables s'étendant de plus en plus, nous aurions fans doute déja régagné avec grande ufure l'argent que nous y avons perdu.

Que dira-t-on de la manière d'agir de nos Marchands dans ces Circonflances? Ne prennez pas en mauvaife part, fi je ne puis abfolument pas, approuver leur Conduite; fi, dis-je, je leur réprefente, qu'ils n'ont pas obfervé l'ordre dans leurs Deputations, ni la modeftie réquife. Ils ont tort de s'imaginer,

giner , qu'ils font les feuls qui entendent de quelle utilité le Commerce eft
pour nôtre païs ; qu'il doit à lui fon éta-
bliffement, fon aggrandiffement & fon lu-
ftre ; qu'il feroit impoffible de nous foutenir fans cet excellent moyen. Non,
nous réconnoiffons bien auffi l'influence qu'il
a fur chacun d'entre nous, que fur la
Conftitution en général de nôtre République ; & nous compatiffons du fond du
cœur aux difgraces de ceux qui fouffrent.

Mais les négocians peuvent-ils rien entreprendre, fi leur negoce n'eft pas fuffifamment protegé ? Et comment trou-
veront-ils protection dant un païs, qui
manquant lui même de défenfe, eft expofé
à dévenir la proie du premier aggreffeur ?
Que font donc les Marchands pour fortir de
la detreffe où ils ont été reduit depuis quelque tems ? Ils le réprefentent à S. A. R.
demandant fon interceffion en Angleterre,
pour que les dépredations de leurs vaiffeaux
& leurs biens ceffent. Ils abordent S. A.
R. comme s'il étoit dans fon pouvoir ou ar-
bitre *de donner une fuffifante protection à la*
navi-

navigation, *PAR TOUT LE MONDE*, & de batir *des vaisseaux de guerre, pour la proteger*. Il semble que Messieurs les Marchands sont dans l'Idée, que S. A. R. ignoroit que nous manquons d'une suffisante protection, quoiqu'il soit generalement connu, que depuis le tems du Roi Guillaume III. la force navale de l'Etat est entierement tombée en décadence, & ils récommendent son rétablissement à Mad. la Princesse comme de la dernière consequence. Ils avancent, qu'il ne couteroit qu'un mot à S. A. R. pour effectuer l'augmentation des forces par mer; ils répresentent encore, qu'il falloit une Deputation considerable de l'assemblée de Leurs H. P. pour solliciter un subit Rédressement; & enfin, encore d'autres Députations en Russie, en Espagne, en Suede & Danemarc, afin de s'assurer de l'alliance & de l'assistence de ces Cours, en Cas que la Cour, ou plutôt le Ministère d'Angleterre réfusât de donner satisfaction, & pour réprimer le désir des Anglois de dominer seuls sur mer; que comme les

An-

Anglois ne pouvoient pas régarder cela,
comme un moyen pour exciter contre eux ces
Nations, & que c"étoit uniquement le deffein des Marchands, de ravoir ce qui leur a
été injuftement enlevé, & fe procurer la
feureté pour l'avenir.

Qu'on ne penfe pas, que je veuille ré-
prefenter les Marchands, un des plus Con-
fiderables Corps de nôtre Patrie, comme
une trouppe de mutins, qui brouillant l'un avec
l'autre, ne connoit d'autres Regles que
celles qu'infpire le défir de vengeance mal-
digeré: Non, affeurement. Nous avons toujours jugé plus favorablement d'eux, & croyons, qu'il faut attribuer au mauvais Confeil, de ceux qui les ont fervi dans cette
affaire, cette Partie de leur Conduite, plustôt qu'à
eux mêmes. Qu'il me foit permis feule-
ment, de faire voir, combien, par une
fauffe Conception de la chofe, jointe à plus
ou moins de chaleur, ils fe font égarés du
droit chemin, & qu'il falloit naturellement
qu'ils manquaffent leur but. Premierement,
je demande à ce Meffieurs fur quel pied ils fe
font annoncés à Son A. R. ? Si c'eft, pour
que

que. Son A. R. les aide de son Interceffion
auprès du Roi d'Angleterre, afin que nôtre
Commerce troublé foit rétabli ? je dis, que
S. A. R., par pure Condefcendance, ayant
bien voulu fe laiffer employer, & affurer,
qu'Elle ne negligeoit rien pour cet effet,
il eft jufte auffi, fuivant les Regles de l'é-
quité, que S. A. R. attende une réconnoiffance de la part des fupplians, propor-
tionnée au Zéle, aux Efforts & au foin qu'Elle a pris pour y réuffir, non pas felon l'iffue
incertaine de fon entremife, & qui ne dé-
pendoit pas d'Elle ; mais lifant les harangues fusdites, n'y trouve-t-on pas plustôt des réproches de negligence contre S.
A. R. ; comme fi on vouloit imputer à
elle feule le mauvais fuccès de l'affaire ?
On parle comme fi Son A. R. y pouvoit faire autre chofe que par fes confeils,
& fes exhortations; ces harangues font en forme de Prétentions plustôt que de fuppliques.
prétendant 'davoir récours à S. A. R. en
qualité de Gouvernante, je foutiens, qu'on
n'a pas obfervé l'ordre : une Addreffe comme celles-là ne peut avoir lieu, qu'autant
qu'on fuppofe, que le Souverain en peut
décider. Et n'auroit-il pas été plus féant
d'en faire les rémontrances néceffaires aux Magiftrats de leurs villes, pour être portés à leurs
fuperieurs, & de là, moyennant une copie, à S.

A.

A. R , pour qu'Elle l'appuye ? Ce procedé auroit été plus conforme aux Conftitutions & à
la forme de Gouvernement du Païs, & auroit pu
produire plus de fruit ; puifque S. A. R. comme
Gouvernante eft plus en état de concourrir au
maintien des Citoyens, quand on y procede
fuivant l'ordre & les Conftitutions, que
quand on s'addreffe à elle, comme s'il ne dé-
pendoit que d'Elle, d'obliger par une authori-
té abfolue, une partie des Confédéres, à fuivre
la fantaifie de l'autre.

Mais que dira-t-on, fi on demande,
avec quel fondement, avec quelle Raifon, quelle apparance de Droit ces Meffieurs ont-ils pu
entreprendre, d'intimer pour ainfi dire à S.
A. R. au préjudice des autres Provinces, qu'il
lui plût, de fe diriger de forte, qu'on fe defi-
ftat du projèt d'une augmentation ? Eh bien
Meffieurs! croyez vous, je vous le demande,
que ce n'ait été que badinerie de ces Provinces,
d'augmenter? qu'ils peuvent faire ce qui bon
leur femble, fans écouter les clameurs de leurs
fujets ? Non, il me femble que vous allez
trop loin, & que vôtre Conduite à cet égard
n'eft pas décente. Si les habitans de ces Provinces avoient pu s'y attendre de la part des Marchands, je ne doute pas qu'ils n'euffent pris leurs
mefures, témoigné leur inquietude, dans ce
tems critique, & réprefenté à leurs fuperieurs
leur dévoir, de pourvoir à leur feureté.
Quel

Quel tort ne fait-on pas à Madame le Gouvernante même, en demandant qu'Elle quit-
tat pour l'amour des Marchands, un sentiment qu'Elle a soigneusement nourri durant trois ans, pour l'amour & pour le
Bien des Provinces confederées en general.
N'auroit-il pas été mieux de la part de Messieurs les Marchands, de ne point toucher
cette corde, & de s'addresser aux Magistrats
de leurs villes, c'est à dire aux Etats de
Hollande; suppliants que de concert avec
les autres Provinces, ils prissent les mesu-
rer necessaires pour assurer leur Commerce
troublé; & que leurs Nobles & Grandes
Puissances voulussent entrer au plus tôt dans
les propositions serieuses de la plus part des
autres Provinces, que de les laisser encore
plus long tems, à leur grande douleur,
sans une assistance & protection suffisante?

Ils n'en sont pas demeuré là Messieurs
lesMarchands, n'étants pas contents des assurances
sinceres de S. A. R. de leur donner toute
satisfaction possible dans ces Circonstances.
Qu'auroit-on pu attendre de plus d'une
Princesse, qui, pénétrée d'un coté des plaintes
amères d'une communauté oppressée, & de
l'autre combattue d'un sentiment de méfiance
qu'on sembloit avoir en Elle, montre au
Corps assemblé la lettre de la main du Roi
son Pere? Que ne pourroit-en pas alleguer

guer de plus, pour prouver, & convaincre
furabondamment un chacun, qu'il étoit
féant de faire ufage des négociations particu-
lières de Madame la Princeffe, pour le Ser-
vice du Commerce? Mais Meffieurs les Marchands, dis-je, étant renvoyés par Madame la
Princeffe à Mr. de Larrey pour conferer du
refte, & celui-ci ayant taché de contenter
ces Meffieurs, quel ufage ont-ils fait des
converfations à l'amiable, dans la requête
préfentée enfuite à leurs Nob. & Gr.
Puiffances par quelques Marchands? Nous
la pafferons fous filence, fachant que cette
partie de leur Conduite n'a pas été non plus
approuvée de ceux qui en ont été témoins.

Vous refteroit-il encore quelque doute,
chers Compatriottes, fi on doit imputer la
décadence de nôtre Commerce à certaines Provinces ou fi S. A. R. eft caufe de nôtre état déplorable, je m'offre à vous
demontrer l'erreur, où vous vous êtes laiffé en-
trainer par de faux raifonnemens.

AVIS

A V I S.

LA fin de cette année nous fait refouvenir qu'il s'agit de commencer un nouveau Volume des Memoires pour fervir à l'hiftoire de nôtre tems, & que pour ne pas ennuyer nos Lecteurs en parlant uniquement d'une même matiere, il convient de lui en fournir de nouvelles. Nous lui donnerons donc actuellement le Recueil des Lettres de Mr. le Marechal de Belleisle à Mr. le Marechal de Contades, comme un monument hiftorique qui apartient effentiellement à l'hiftoire de la prefente Guerre, d'autant plus qu'elles depeignent au vrai la fincerité des vuës de ce grand Miniftre, dans les ordres particuliers qu'il a donnés au fameux General à qui elles font addreffées. Ces Lettres furent trouvées dans le Bagage de Mr. le Marechal de Contades parmi le butin que les Hanovriens firent fur les François lors de la Bataille de Minden au Mois d'Août dernier, & comme elles ont été imprimées publiquement en Angleterre, en Hollande & ailleurs, nous avons cru ne devoir pas attendre plus long-tems à les inferer dans nos feuilles, puifque d'ailleurs on en a vû des Extraits dans les Gazettes qui paroiffent tendre à donner une idée des vuës de leur Auteur, differente de celle que la totalité de ces Lettres n'en fait prendre.

Après ce Recueil fuivront d'autres Pieces militaires & politiques fur des fujets interreffans

qui

qui ont rapport à la Guerre, & nous ne doutons point que le Public ne trouve dans ce Volume de plus de Gout qu'il n'en a trouvé dans quelques uns des preeedens.

Nôtre deffein avoit été il eſt vrai, de lui donner un autre Recueil de nouveaux Memoires, où ſe trouve tout ce qui eſt de plus eſſentiel pour la parfaite Connoiſſance de l'hiſtoire politique & militaire de la Guerre preſente, avec tous les Plans & Cartes qui y apartiennent. Mais ces nouveaux Memoires contiennent grand nombre de Pieces, qu'il ne convient pas de donner par feuille, d'autant plus que cet ouvrage faiſant la Valeur de Six Volumes, il auroit fallû deux années pour l'avoir complet. Nous avons donc preferé de donner actuellement le Recueil ſuſdit des Lettres de Mr. le Marechal de BelleIsle, & de livrer aux Amateurs dès apreſent le Corps complet des dits nouveaux Mémoires du Tems, dont les ſix Volumes ſont deja tout-à-fait imprimés.

Le Tome premier contient les Pieces preliminaires, qui ſervent à donner une idée juſte des intérêts preſents des Puiſſances de l'Europe en general.

Le Tome ſecond concerne la Guerre actuelle entre la France & l'Angleterre, par Terre & par Mer.

Le Tome troiſieme fournit ce qui regarde en general les intérêts qui exiſtent entre l'Angleterre & la Hollande.

Le Tome quatrieme repand tout le jour neceſſaire ſur les intérêts qui diviſent naturellement la Cour & la Nation Angloiſe par rapport à la Guerre preſente.

Le Tome cinquieme forme l'hiſtoire militaire de cette Guerre en Allemagne.

Le Tome ſixieme continue la même hiſtoire militaire.

Tout cet Ouvrage ſe trouve prêt comme nous l'avons deja dit, accompagné de tous les Plans, Cartes & figures qui y apartiennent. Il dependra par conſequent des amateurs de ſe le procurer dès à preſent par la même Voye qu'ils reçoivent les Memoires du Tems, ou de s'addreſſer directement aux Freres van Duren à Francfort, chez leſquels on le trouve pour un Louis.

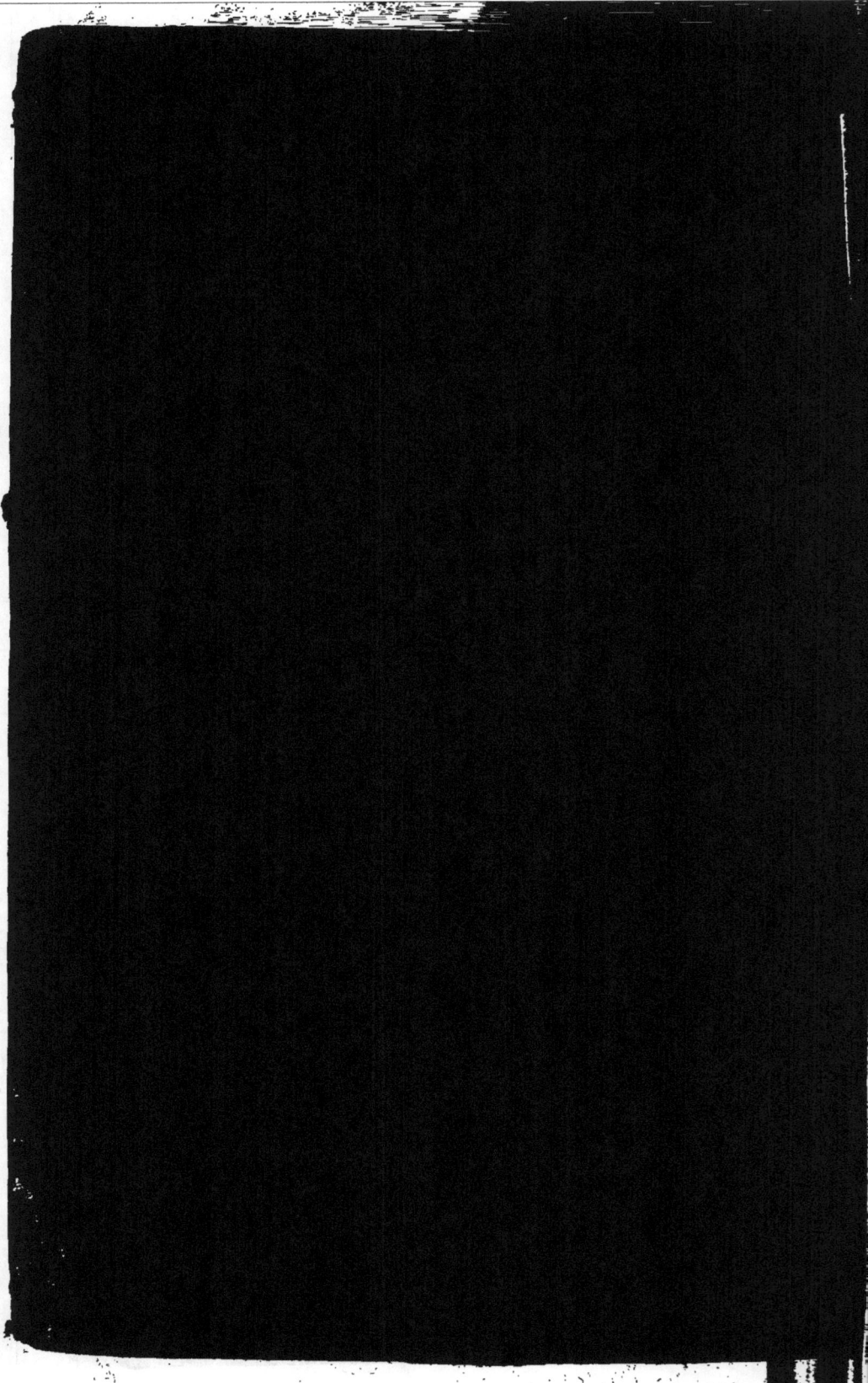

www.ingramcontent.com/pod-product-compliance
Lightning Source LLC
Chambersburg PA
CBHW071950090426
42740CB00011B/1877